企业家 的 智慧

—— 公司控制权与股权融资及上市

万方　覃亚莉　著

WUHAN UNIVERSITY PRESS
武汉大学出版社

图书在版编目(CIP)数据

企业家的智慧:公司控制权与股权融资及上市/万方,覃亚莉著.
—武汉:武汉大学出版社,2023.8
ISBN 978-7-307-23741-4

Ⅰ.企… Ⅱ.①万… ②覃… Ⅲ.①公司—控制权—研究 ②公司—股权—研究 Ⅳ.F276.6

中国国家版本馆 CIP 数据核字(2023)第 075058 号

责任编辑:陈　帆　　　责任校对:鄢春梅　　　版式设计:马　佳

出版发行:**武汉大学出版社**　　(430072　武昌　珞珈山)
　　　　　(电子邮箱:cbs22@whu.edu.cn　网址:www.wdp.com.cn)
印刷:湖北恒泰印务有限公司
开本:720×1000　　1/16　　印张:13.75　　字数:197 千字　　插页:3
版次:2023 年 8 月第 1 版　　2023 年 8 月第 1 次印刷
ISBN 978-7-307-23741-4　　　定价:68.00 元

作者简介

万方 上海中联律师事务所全国管委会委员、武汉办公室主任、高级合伙人

万方律师毕业于武汉大学，获得法律硕士和经济学学士学位。曾担任两家美国上市科技公司法务部负责人，湖北得伟君尚（武汉自贸区）律师事务所创始合伙人、执行主任。

万方律师主导了多家公司法务合规体系的搭建，参与办理了近百起各类商事诉讼仲裁案件，同时还全程参与公司引入红杉资本、腾讯等风险投资和战略投资，在商业模式合规、私募股权投融资、商事争议解决、网络安全与数据合规等领域有着丰富的实务经验。

万方律师出版了三本法律类专著，分别为《网络安全法合规操作指引》《法槌下的游戏江湖——网络游戏行业典型案例裁判要旨汇编及解析》《公司法律顾问——实务操作与案例解析》（武汉大学出版社出版）。

覃亚莉 上海中联（武汉）律师事务所律师

覃亚莉律师毕业于中国政法大学，获得民商法学硕士和法学学士学位。曾在北京市环球律师事务所、北京市通商律师事务所上海分所工作。

覃亚莉律师在公司合规、私募股权投融资和收购兼并重组领域有着丰富的实务经验。在私募股权投融资领域，参与办理的代表性案例有锐讯生物私募融资项目、北京奇运连连城海外天使轮融资项目，代表小米产投投资思特威、安凯微电子、兴禾自动化、卫蓝新能源、孔辉汽车、合肥视涯、瀚昕微、宁波卢米蓝、镭明激光、江西亚华、美幻科技、深圳思坦等公司，代表小米战投投资流体网络，代表京东投资小熊U租、希姆计算、动网天下等公司，代表京东系资本SEIF.COM投资芬香科技，代表招银国际投资鼎材科技、固安翌光等公司，代表金山办公投资必优科技等公司。在收购兼并重组领域，参与办理的代表性案例包括西山居海外重组和业务分拆项目、西门子子公司分立项目、京东收购企汇购项目、瀚昕微境内重组项目。曾服务过的客户包括小米、京东、西山居、招银国际、金山办公、百度风投等知名投资基金以及众多高新技术企业。

序

　　能够收到邀请为万方律师和覃亚莉律师的新作《企业家的智慧——公司控制权与股权融资及上市》写序,我倍感荣幸。

　　记得不久前,万方律师向我提及团队正在撰写一本关于从公司早期控制权设计,到成长期股权融资和股权激励,再到上市等公司全生命周期的实务操作书籍,他说到自己的初心就是希望陪伴公司和企业家共同成长,做与公司和企业家携手共进的同路人。读完书稿,深感全书完全印证了他的追求,而且还有三个鲜明的特点值得推荐。

　　第一,体系系统完整,内容扎实全面。整体上,本书以公司发展历程为主线,结构紧凑合理,在完整、严谨的体例框架下,对企业从初创到成熟的全生命周期发展历程中涉及股权的相关内容做了详细介绍。在章节的安排上,本书将大问题分解为多个小问题逐步分析,在复杂问题的处理思路上自成体系。

　　第二,观点鲜明突出,论述有理有据。本书作者在系统总结历史经验和熔炼现实问题的基础上,运用大量实践素材,针对本书总结的每个重大风险问题都进行了分析论证,观点鲜明、论证严谨,体现了本书作者完备的理论体系和丰富的实务经验。

　　第三,实务指向明确,可操作性强。本书作者以其多年参与境内外各类投融资项目的实务经验为基础,对股东出资与公司章程、公司控制权设计、投资人类型、股权融资流程、尽职调查、投资协议、股东协议、股权激励实务、全面注册制下的上市要求等重大法律问题及风险进行详细分析,并通过可视化图表对复杂的专业问题加以呈现,同时提供了大量务实可行的实操建议和具有实务运用价值的协议文本模板。本书无论是对处在初创期、成长期还是成熟发展阶段的企业而言，都具有较大的参考和指导意义，也为从事相关业务的律师同仁提供了有益借鉴和启示，是一本近年来少见的关于处理公司股权问题的工具用书，相信读者们可以从书中收获良多。

我高兴地看到，作为中联武汉办公室的牵头负责人——万方律师不仅在短时间内将实务经验进行了系统复盘总结，而且全书传递的务实信息，与中联律师事务所"成就伙伴事业、让法律予人尊严"的理念完美契合，相信他必将带领中联武汉办公室在中部地区持续发光发热。

欣然，是为序。

韩德云

（国院特殊津贴专家，第十、十一、十二、十三届全国人大代表、一级律师，现任上海中联律师事务所全国管委会主席。）

目　　录

第一章　股东出资与公司章程

☞ **导读**

1. 公司的概念和特征
2. 股东出资形式及责任
3. 公司章程

第一节　公司的概念和特征

在学理上，公司是指依照公司法的规定，在中国境内设立的，以营利为目的的企业法人，它是企业组织形式的一种，主要包括有限责任公司和股份有限公司。

依据《中华人民共和国公司法》(2018年修正)(下称《公司法》)第三条的规定，公司是企业法人，有独立的法人财产，享有法人财产权。公司以其全部财产对公司的债务承担责任。有限责任公司的股东以其认缴的出资额为限对公司承担责任；股份有限公司的股东以其认购的股份为限对公司承担责任。

《中华人民共和国民法典》(下称《民法典》)第五十七条和第五十九条规定，法人是具有民事权利能力和民事行为能力，依法独立享有民事权利和承担民事义务的组织。法人的民事权利能力和民事行为能力，从法人成立时产生，到法人终止时消灭。

由以上的法律规定，我们可以看出，我国法律环境下的公司(以有限责任公司为例)具有以下特征：

第一，公司是具有独立法律人格的实体。

公司具有独立的法律人格，即公司具有法人资格。简单地说，就是指公司在法律上被拟制成一个独立的"人"，并与其组成成员的人格相互独立，这是公司最典型、也是最基础的特征，这一特征决定了公司具有独立于其成员的权利能力和行为能力，具有独立于其成员(股东)的财产，并具有独立的民事责任能力。

公司独立的民事权利能力和行为能力是指公司通过其组成机构(如股东会、董事会、执行董事或总经理)对外进行意思表示，独立地进行民事活动并依法享有权利，承担义务，这种能力始于公司的成立，终于公司的灭亡。

第二，公司以其财产独立承担责任。

公司最初的财产来源于发起人的出资，但是，发起人一旦缴纳了出资，出资对应财产的所有权即不再属于发起人所有，而成为公司财产的一部分。作为对价，发起人此时取得了公司的股东资格，享有各项股东权益。

公司能够以其财产独立承担责任是公司独立法律人格的延展和体现。独立责任是相对于连带责任而言的，意即公司独立承担责任并不连带到公司的组成人员；独立责任也不等同于有限责任，公司法下的有限责任是指股东以其对公司的出资承担有限责任。事实上，就公司而言，任何公司都应以其所有财产对公司债务承担无限责任。

第三，公司是以营利为目的的企业法人。

投资人投资设立公司的目的是获得投资收益，而投资收益要以公司的经营利润为载体，公司没有利润，投资人的收益也就失去了分配的源泉。同时，根据《公司法》的规定，股东对公司享有分红权。而公司是一个独立核算的经济实体，分红只能来源于该经济实体在一定会计周期内的经营利润。在公司没有利润(或者不满足利润的提取规则)的前提下，股东强行从公司抽走资产，则涉嫌抽逃出资或是侵占公司财产，严重情况下还可能涉嫌刑事犯罪。因此，投资人要想实现投资收益，就必然会要求公司最大限度地追求经营利润，这也是公司这种企业法人经营活动的出发点和归属点。

第四，公司可以设立分、子公司，分公司不等同于子公司，分公司无法人资格，子公司有独立的法人资格。

第五，公司是独立法人，有独立的权利能力和行为能力，因此，公司可以以自己的意志对外转投资，但是，除法律另有规定外，一般情况下，公司不能因投资行为而成为承担无限连带责任的出资人。

第六，有限责任公司分为两种类型，普通的有限责任公司(股东人数在两人以上、五十人以下)和一人有限责任公司(股东只有一个，可以是自然人或法人)。

第七，公司可以根据《中国共产党章程》设立党组织，开展党的教育和活动，公司应当为之提供必要的条件。

第二节　股东出资的法律规定

一、股东出资形式

股东出资，是指发起人和股东在公司设立或者增加资本时，为取得股权，根据协议的约定以及法律和章程的规定向公司交付财产或履行其他给付义务。本章中我们讨论的出资仅指有限公司设立时发起人向公司交付出资的行为。

《公司法》第二十七条规定，"股东可以用货币出资，也可以用实物、知识产权、土地使用权等可以用货币估价并可以依法转让的非货币财产作价出资；但是，法律、行政法规规定不得作为出资的财产除外"。

1. 货币，一般情况下，是指我国的法定货币，即人民币，但是，依据《外商投资创业投资企业管理规定》(2015 年修订)第六条第二款的规定，外国投资者也可以以自由兑换的货币出资。

2. 非货币出资，包括实物、知识产权、土地使用权等。实物如生产原材料、机械设备等；知识产权包括专利、商标、著作权、技术秘密等。

（1）关于以实物出资，应该要注意以下几点：

第一，实物包括动产和不动产。根据《公司法》第二十八条的规定，"以非货币财产出资的，应当依法办理其财产权的转移手续"。因此，动产进行交付时，能转移登记的要办理转移登记；不动产进行交付时，要进行转移登记。

第二，根据《公司法》第三十条的规定，"有限责任公司成立后，发现作为设立公司出资的非货币财产的实际价额显著低于公司章程所定价额的，应当由交付该出资的股东补足其差额，公司设立时的其他股东承担连带责任"。因此，实物的作价应当经全体发起人一致同意，作价金额要计入公司章程。

第三，在没有特殊约定的情况下，出资人以实物出资所产生的评估、转移登记等费用应该由出资人自行承担。

（2）关于以知识产权出资，应注意以下两点：

第一，按照《公司法》的规定，知识产权的出资必须要满足"可以用货币估价并可以依法转让"。因此，知识产权的人身权就不可以用来出资，例如，署名权、保护作品完整权等。

第二，技术秘密等是否可以作为出资？严格地说应该叫"技术秘密的使用权"是否可以出资。现实中存在一定的争议，主要是其无法进行权属登记，也就无法进行转让，但笔者认为公司法要求的"可转让"的本质是为了维持"公司独立财产制"，商业秘密权利人完全可以同公司签署独占的授权许可协议来解决这个障碍，因此，笔者认为技术秘密的使用权是可以用来出资的。

第三，知识产权具有高度的专业性，同时具有一定的不稳定性。当发起人用知识产权出资时，公司一定要做好价值评估和权利评估，并在公司章程里对出资瑕疵作出明确和具有操作性的约定，尽量防止公司资产出现重大变数，给公司经营和其他股东带来巨大损失。

（3）关于土地使用权出资，一定要进行权属变更登记。我国实行严格的不动产公示对抗制度，因此，在一般情况下，土地使用权能进行权属变更登记就说明其上没有权利负担，至少可以对抗没有登记的权利负担。另外，如果是以国有土地使用权出资，则应该要注意审核土地使用权的使用限制，因为，一般情况下，国有土地使用权出让时对土地的使用用途都是有限制的。

（4）非货币出资除以上形式外，还有诸如股权、债权、探矿权等。关于股权出资，现实中比较常见，法律对此问题也有明确的要求，根据《最高人民法院关于适用〈中华人民共和国公司法〉若干问题的规定（三）》（2014年修订）第十一条的规定，出资人可以以其他公司股权出资，但必须同时符合"（1）出资的股权由出资人合法持有并依法可以转让；（2）出资的股权无权利瑕疵或者权利负担；（3）出资人已履行关于股权转让的法定手续；（4）出资的股权已依法进行了价值评估"四个条件才可以认为完成了出资。由于股权的价值是一直处于变动之中，以股权出资，当股权价值明显下降时，很容易引起股东之间的纠纷，因此，应谨慎采用这种出资方式。

（5）除以上可以作为出资的资产外，还有一些法律明文规定不允许出资的类型，大家也要注意，例如劳务、商誉、信用、自然人姓名、特许经营权等。

在股东出资这一部分，除股东出资形式这个重点以外，还有其他很多重要知识点，例如最低注册资本、首次出资限制、货币出资比例和出资期限等。因为对于绝大多数类型的公司，以上列举的四项要求在我国现行的公司法体系下都被取消了，因此我们就不展开论述了。但是，值得注意的是，取消了限制并不表示降低了法律责任，只是公司设立的门槛大幅度降低而已。

二、股东出资的法律责任

股东出资的法律责任主要表现在瑕疵出资、名义股东与实际股东的纠纷两个大的方面，具体见表1-1、表1-2：

表 1-1   瑕疵出资类法律责任

瑕疵出资的表现形式	补救程序和民事责任
以不享有处分权的财产出资	参照"善意取得"制度认定;以贪污、受贿等形式取得货币而出资的,拍卖或变卖其股权
以有权利负担的土地使用权出资	限期办理土地变更手续或者解除权利负担;超期未办理,可以限制行使分红权、优先认购权;经催告未履行,可以解除股东资格
以未依法评估作价的非货币财产出资	先评估,评估价格显著低于作价金额,可以限制行使分红权、优先认购权;经催告未履行,可以解除股东资格
以房屋、土地使用权或者需要办理权属登记的知识产权等财产出资	限期办理权属变更手续;以交付使用为标志,交付但未办理权属变更手续可享有股东权利;已办理变更手续但未交付,不享有股东权利

表 1-2   名义出资人和实际出资人纠纷

出资人形式	股东资格确认	转让股权的处理机制
实际出资人	实际出资并享有股东权益。可申请显名,但需满足未违反法律强制性规定且其他股东过半数同意	仅是实际出资人,享有公司股东权益,并不是公司股东,无法完整转让股权
名义出资人	工商登记的股东,不享有股东权益	参照"善意取得"制度认定,实际出资人可以请求赔偿

第三节　公司章程

一、公司章程与出资协议

(一)公司章程

公司章程是指依法制定的,规范公司组织构成及组织行为的基本规则。它既是重要的权利约束机制，也是重要的权利救济和权利授予机制。

在公司运营过程中，公司章程就像一只无形的手，无时无刻不发挥着重要的指引和监督作用。尤其是在有多个股东的情形下，它为公司治理提供了一套完整的涉及股东会、董事会、监事会及其他高级管理人员权利义务分配与制约的游戏规则。这套游戏规则有以下几个显著特点：

1. 它是公司组织和活动的基本准则；

2. 它的处罚性规定在不违法的前提下是有效的；

3. 它是对公司内部事务具有法律效力的自治性规范；

4. 它的内部治理纠纷不属于人民法院民事审判的受案范围；

5. 法定代表人违反公司章程对内作出的承诺无效。

讲到这里，笔者还是要提醒大家，现实中很多公司的章程签订以后便被束之高阁，公司的董、监、高，尤其是高级管理人员都不知道公司章程的内容。有的高管甚至都不知道自己属于章程中约定的高管（公司法允许章程对高管范围作出约定），更别说依照章程来行使自己的职权并履行自己的义务了。因此，组织高级管理人员针对公司章程进行培训是很有必要的。

（二）出资协议

出资协议是指发起人订立的，规定公司设立过程中彼此权利义务的协议。它并不是有限责任公司设立的必备文件，其最重要的作用是规定各发起人在公司章程确立之前彼此的权利、义务及合同责任。

出资协议的基本条款包括公司的基本情况、公司的注册资本、出资比例、出资方式与出资期限、公司的组织机构、发起人的权利义务、保密条款、不竞争承诺、公司设立不成功的费用负担、违约责任与争议解决等。

出资协议与公司章程有很多相似之处，出资协议的很多内容与公司章程的约定重合或者被公司章程所吸收，但二者也有着明显的区别：

1. 出资协议和公司章程的效力期间不同。出资协议是调整公司设立过程中发起人权利义务的协议；公司章程则是以公司成立为前提，在公司成立后生效的规范性文件。

2. 出资协议不是公司设立的必要法律文件，而公司章程是公司设立必备的法律文件。也就是说出资协议可签可不签，最好是签；但是公司章程必须要签。

3. 出资协议和公司章程约束的对象不同。出资协议是全体发起人订立的，调整的是发起人之间的关系，在发起人之间具有法律约束力；而公司章程调整的是公司、股东、董事、监事和其他高级管理者之间的法律关系，公司章程的效力范围更广一些。当出资协议和公司章程发生冲突时，应以公司章程的规定为准，但是一般情况下二者不会产生冲突，因为章程制定后，其已经取代了出资协议的效力。

二、公司章程核心条款解读

《公司法》第二十五条规定，"有限责任公司章程应当载明下列事项：（一）公司名称和住所；（二）公司经营范围；（三）公司注册资本；（四）股东的姓名或者名称；（五）股东的出资方式、出资额和出资时间；（六）公司的机构及其产生办法、职权、议事规则；（七）公司法定代表人；（八）股东会会议认为需要规定的其他事项"。

关于公司的名称和住所，按照《公司法》第十条的规定，公司是以其办事机构所在地为住所。

关于公司的经营范围，一般情况下是由公司章程确定，但是需要进行登记。公司也可以通过修改章程来修改公司的经营范围，公司的经营范围中属于法律、行政法规规定须经批准的项目，应当依法经过批准。

关于公司的注册资本、公司股东的姓名和名称、股东的出资方式、出资额和出资时间本章已经介绍过，此处就不再赘述。

公司的机构及其产生办法、职权、议事规则是章程的核心条款，也是公司法对股东自由约定宽容度最高的内容。公司的组织机构包括权力机构、执行机构和监督机构。

1. 公司的权力机构

所谓公司权力机构，即公司的股东会。股东会是指由公司全体股东组成的、一种非常设的、对公司重大事项进行决策的最高权力机构。它表现在定期或临时举行的股东会会议之中，它的具体职权包括：

(1)决定公司的经营方针和投资计划；

(2)选举和更换非由职工代表担任的董事、监事，决定有关董事、监事的报酬事项；

(3)审议批准董事会的报告；

(4)审议批准监事会或者监事的报告；

(5)审议批准公司的年度财务预算方案、决算方案；

(6)审议批准公司的利润分配方案和弥补亏损方案；

(7)对公司增加或者减少注册资本作出决议；

(8)对发行公司债券作出决议；

(9)对公司合并、分立、解散、清算或者变更公司形式作出决议；

(10)修改公司章程；

(11)公司章程规定的其他职权。

股东会的权力主要来源于《公司法》的明确规定，也可以来源于章程的约定。但是章程只能对股东会的权力进行增加，而不能减少，也就是说《公司法》不允许股东通过章程约定的形式削弱股东会的权力。

股东会是一个议事机构，只能通过会议决议的形式来行使自己的权力，而不能由任一股东直接来行使，即使这位股东的持股比例最高(一人有限公司除外)，也不能替代股东会的权力。也就是说股东只能通过股东会来行使自己对公司享有的权利，这是由法人独立权利能力和行为能力决定的。

2. 公司的执行机构

广义的公司执行机构包括董事会、经理及其他高级管理人员。董事会是执行决策机构，经理及其领导的管理层是公司的执行机构。

公司的董事由股东会选举产生，董事会由董事组成，对股东会负责。

股东会与董事会的关系类似于一种信托关系，股东会将公司的日常管理信托给董事会处理，董事会向股东会负责，并代表股东会执行公司的日常事务。在董事由股东委派的基础上，董事也代表了其背后的股东的利益。

董事会行使如下职权：

（1）召集股东会会议，并向股东会报告工作；

（2）执行股东会的决议；

（3）决定公司的经营计划和投资方案；

（4）制订公司的年度财务预算方案、决算方案；

（5）制订公司的利润分配方案和弥补亏损方案；

（6）制订公司增加或者减少注册资本以及发行公司债券的方案；

（7）制订公司合并、分立、解散或者变更公司形式的方案；

（8）决定公司内部管理机构的设置；

（9）决定聘任或者解聘公司经理及其报酬事项，并根据经理的提名决定聘任或者解聘公司副经理、财务负责人及其报酬事项；

（10）制定公司的基本管理制度；

（11）公司章程规定的其他职权。

公司的执行机构主要职责是贯彻执行董事会作出的经营决策。公司经理由董事会选任和解聘，应列席董事会会议，其权力主要来自董事会的授权和公司章程的规定。

3. 公司的监督机构

公司的监督机构即公司的监事会或监事。公司的监督机构是公司的重要组成部分，按照《公司法》第五十三条和第五十四条的规定，行使以下职权：

（1）检查公司财务；

（2）对董事、高级管理人员执行公司职务的行为进行监督，对违反法律、行政法规、公司章程或者股东会决议的董事、高级管理人员提出罢免的建议；

（3）当董事、高级管理人员的行为损害公司的利益时，要求董事、高

级管理人员予以纠正;

(4)提议召开临时股东会会议,在董事会不履行本法规定的召集和主持股东会会议职责时召集和主持股东会会议;

(5)向股东会会议提出提案;

(6)依照《公司法》第一百五十一条的规定,对董事、高级管理人员提起诉讼;

(7)监事可以列席董事会会议,并对董事会决议事项提出质询或者建议;

(8)公司章程规定的其他职权。

公司监事会的主要作用在于对公司财务以及公司股东、董事、经理、财务负责人和董事会秘书等履行职责的合法性进行监督,维护公司及股东的合法权益,并向股东会负责。

4. 公司法定代表人

公司的法定代表人也是公司机构的组成之一,按照《公司法》的规定,公司法定代表人应由公司的董事长、执行董事或经理兼任。然而,在现实中,由于种种原因,很多公司出现了找亲戚、朋友"挂名"法定代表人的情形,这些挂名的法定代表人很多时候连公司的员工都不是,更不用谈是董事或经理了。其实,这种"挂名"行为非常不可取,其隐含了巨大的法律风险。

就"被挂名的公司"来说,我们都知道,法定代表人对外是代表公司的,一般情况下,法定代表人的行为就可以认定为是公司行为。如果法定代表人违背公司意志与第三人签订业务合同,第三人在善意的情况下,是可以要求公司承担履行义务的。另外,在公司的实际经营中,很多资料和文件都需要法定代表人的签字,找一个与公司业务不相干的人做法定代表人会严重影响公司的管理和经营效率。

就"挂名"本人来说,风险则更为直接。《最高人民法院关于限制被执行人高消费及有关消费的若干规定》第三条规定,被执行人为单位的,被采取限制消费措施后,被执行人及其法定代表人、主要负责人、影响债务履行的直接责任人员、实际控制人不得实施前款规定的行为。《最高人民法院关于民事执行中财产调查若干问题的规定》第九条规定，被执行人拒绝报告、虚假报告或者无正当理由逾期报告财产情况的，人民法院可以根据情节轻重对被执行人或者其法定代理人予以罚款、拘留。《最高人民法院关于适用〈中华人民共和国民事诉讼法〉执行程序若干问题的解释》第二十四条规定，被执行人为单位的，可以对其法定代表人、主要负责人或者影响债务履行的直接责任人员限制出境。根据上述规定，如果公司成为被执行人，被采取限制消费措施后，公司法定代表人会被司法机关采取限制消费措施，并被限制出境。如果公司拒绝报告、虚假报告或者无正当理由逾期报告的，法院可以对法定代表人予以罚款、拘留。在某些特殊情况下，法定代表人甚至可能会承担刑事责任。例如，我国《刑法》规定，在食品、生产安全等事故中，除对单位进行处罚外，还会追究"直接负责的主管人员和其他直接责任人"的刑事责任，上述"直接负责的主管人员"的具体范围，法律未明确规定，但在司法实践中，法定代表人可能被认定为单位"直接负责的主管人员"，进而被追究刑事责任。

关于法定代表人，还有一个知识点值得注意，就是法定代表人的任职资格要求。《公司法》第十三条规定，公司法定代表人依照公司章程的规定，由董事长、执行董事或者经理担任，并依法登记。因为法定代表人同时兼任董事长、执行董事或总经理的职务，因此其还应符合法定的高级管理人员的任职要求，不得存在以下情形：

（1）无民事行为能力或者限制民事行为能力的；

（2）因贪污、贿赂、侵占财产、挪用财产或者破坏社会主义市场经济秩序，被判处刑罚，执行期满未逾五年，或者因犯罪被剥夺政治权利，执行期满未逾五年；

（3）担任破产清算的公司、企业的董事或者厂长、经理，对该公司、企业的破产负有个人责任的，自该公司、企业破产清算完结之日起未逾三年；

（4）担任因违法被吊销营业执照、责令关闭的公司、企业的法定代表人，并负有个人责任的，自该公司、企业被吊销营业执照之日起未逾三年；

（5）个人所负数额较大的债务到期未清偿。

三、章程自由约定事项

（一）公司经营范围

《公司法》第十二条第一款规定，公司的经营范围由公司章程规定，并依法登记。公司可以修改公司章程，改变经营范围，但是应当办理变更登记。

提示：公司改变经营范围要进行登记，如果变更的内容属于经法律、行政法规规定须批准的项目，应当依法经过批准。

公司超出经营范围从事经营活动的行为并不一定无效，依据《最高人民法院关于适用〈中华人民共和国合同法〉若干问题的解释（一）》（现已失效）第十条规定，"当事人超越经营范围订立合同，人民法院不因此认定合同无效。但违反国家限制经营、特许经营以及法律、行政法规禁止经营的除外"。也就是说，只要不违反法律法规限制经营的，企业法人超越经营范围签订的合同均为有效合同。虽然《中华人民共和国合同法》因《民法典》的施行已失效，且《民法典》合同编部分尚未出具相关司法解释，但没有意外的话，未来《民法典》合同编颁布相关司法解释时上述条款应当会继续沿用。

（二）公司法定代表人

《公司法》第十三条规定，"公司法定代表人依照公司章程的规定，由董事长、执行董事或者经理担任，并依法登记。公司法定代表人变更，应当办理变更登记"。

公司章程可以自主约定董事长、执行董事或经理担任法定代表人。一般来讲，董事长往往由大股东或大股东的代表担任，对董事会的召集、主持等方面享有法定权利，所以董事长的职位极为重要。在一般行业公司，可以考虑由董事长担任法定代表人。而总经理，现在大多采用聘任的职业经理，一般属于"外人"，对其人品的信任是任职前提。建议在一些特种行业，特别是常有安全风险的企业可由总经理担任法定代表人。

(三)向其他企业投资或者为他人担保

《公司法》第十六条第一款规定，"公司向其他企业投资或者为他人提供担保，依照公司章程的规定，由董事会或者股东会、股东大会决议；公司章程对投资或者担保的总额及单项投资或者担保的数额有限额规定的，不得超过规定的限额"。

这条规定包含三层意思：

第一，公司可以向其他企业投资。但是，除法律另有规定外，不得成为对所投资企业的债务承担连带责任的出资人。

第二，公司可以为他人提供担保。他人是指本公司股东以外的第三人(为公司股东提供担保必须经法定程序表决，不能通过章程约定)，公司为他人提供担保的，应该依据公司章程的规定，由董事会或者股东会、股东大会通过决议形式作出。

第三，公司向其他企业投资或者为他人提供担保不能超过公司章程规定的限额。

(四)注册资本分期缴纳

《公司法》第二十八条第一款规定，"股东应当按期足额缴纳公司章程中规定的各自所认缴的出资额。股东以货币出资的，应当将货币出资足额存入有限责任公司在银行开设的账户；以非货币财产出资的，应当依法办理其财产权的转移手续"。股东可以在公司章程约定注册资本缴纳时间和未按期足额缴纳的违约责任。

关于股东出资的内容，本章第二节做了详细的阐述，请大家参照。

(五)约定分红、认购新增资本

《公司法》第三十四条规定，"股东按照实缴的出资比例分取红利；公司新增资本时，股东有权优先按照实缴的出资比例认缴出资。但是，全体股东约定不按照出资比例分取红利或者不按照出资比例优先认缴出资的除外"。

这是公司法对股东约定宽容度最大的条款之一，也是涉及股东最核心利益的条款，体现了公司对股东意思自治的高度尊重。这个条款背后有三层深意：

第一，股东可以从公司分红，分红的来源只能是公司的利润。

第二，股东按照实缴的出资比例分取红利，优先按照实缴的出资比例认缴增资是原则，但是全体股东约定一致可以对其作出例外的安排。

第三，对股东分配红利和优先认购权的原则进行修改必须建立在全体股东一致同意的基础上。此处是全体股东一致同意，而不是指股权比例的2/3以上。也就是说，对此原则的修改必须所有股东都同意（哪怕是持股1%的股东不同意也不行），而不能以股东表决权比例的形式通过，控股股东（67%以上）虽然可以修改公司章程（虽然上述权利的特殊安排是通过章程体现的），但是不能违反法律的明文规定，对股东分红和优先认缴增资的权利作出限制或改动。

（六）召开股东会议的通知时间

《公司法》第四十一条规定，"召开股东会会议，应当于会议召开十五日前通知全体股东；但是，公司章程另有规定或者全体股东另有约定的除外"。

该条规定除了对通知时间有要求外，还要求通知到达。如果通知没有到达，或到达时的日期少于规定日期的，该股东会会议所形成的决议可能被法院撤销。因此，除了可以另行约定时间外，通知方式的约定也很重要。

（七）股东的表决权

《公司法》第四十二条规定，"股东会会议由股东按照出资比例行使表决权；但是，公司章程另有规定的除外"。

股东的表决权可以与股东的持股比例相分离，这是《公司法》尊重股东意思自治的又一重要体现。与股东分红权和优先认购权设定不同的是，股东表决权可以通过修改公司章程的方式来自由约定。关于股东表决权的内容非常多，此处不展开论述，请参照本书第二章"公司控制权"的内容。

（八）股东会的议事方式和表决程序

《公司法》第四十三条规定，"股东会的议事方式和表决程序，除本法有规定的外，由公司章程规定"。

公司章程可以针对本公司的实际情况规定股东会的开会方式和表决方式，例如，为了解决股东分散不方便集中的问题，可以通过线上视频形式召开股东会（全程录像），但是会后各股东须在会议记录和通过的决议上签字等。

（九）董事长、副董事长的产生办法

《公司法》第四十四条第三款规定，"董事会设董事长一人，可以设副董事长。董事长、副董事长的产生办法由公司章程规定"。

在进行公司登记的时候需要提交公司章程。章程中有一重要条款，即董事长人选，也就是公司的董事长是由公司的发起人在制定公司章程的时候选举产生的，通常由创始人兼任。

（十）董事的任职期限

《公司法》第四十五条规定，"董事任期由公司章程规定，但每届任期不得超过三年。董事任期届满，连选可以连任"。

董事三年一选，可以无限制连任。

（十一）董事会议事方式及表决程序

《公司法》第四十八条第一款规定，"董事会的议事方式和表决程序，除本法有规定的外，由公司章程规定"。

公司章程可自由约定董事会的召集方式和召开要求(如通知方式、时限、出席人数)、决议通过的要求(如过半数或三分之二)、对不同意见的记录或处理等。但表决必须遵守一人一票的原则。

(十二)经理职权

《公司法》第四十九条第二款规定，"公司章程对经理职权另有规定的，从其规定"。

经理的职权一般来自公司董事会的授权，当然也可以来自章程的授权。经理在公司的日常生产经营管理中担任了重要角色，特别是现在企业聘用职业经理比较多。授权过大，可能威胁创始人控制权地位；授权过小，又发挥不了职业经理人的作用。因此，对经理的授权需慎重考虑。

(十三)执行董事职权

《公司法》第五十条第二款规定，"执行董事的职权由公司章程规定"。执行董事只有一名，并且董事可以兼任经理，可能集大权于一身，为了防止执行董事独断专行，可将重大事项的决策权保留在股东会中。

(十四)有限责任公司监事会中职工代表的比例

《公司法》第五十一条第二款规定，"监事会应当包括股东代表和适当比例的公司职工代表，其中职工代表的比例不得低于三分之一，具体比例由公司章程规定"。

监事会中的职工代表由公司职工通过职工代表大会、职工大会或者其他形式民主选举产生。对股东数量较多的有限责任公司，如果多数小股东不参与公司经营，提高职工监事的比例，可以制约大股东及公司高管，同时也能激发职工主动性和积极性。

(十五)监事的职权和议事方式

《公司法》第五十五条规定，"监事会的议事方式和表决程序，除本法有规定的外，由公司章程规定"。

　　监事会负有监督公司董事、高管，维护公司利益的职责，对督促高管合法履职，保障公司利益不受损具有一定作用，并且也是中小股东实现某些权利的途径。因此，监事会的职权越大，越有利于对董事、高管形成某种制约，有利于中小股东权利的实现。

（十六）公司股权转让

　　《公司法》第七十一条规定：

　　"有限责任公司的股东之间可以相互转让其全部或者部分股权。

　　"股东向股东以外的人转让股权，应当经其他股东过半数同意。股东应就其股权转让事项书面通知其他股东征求同意，其他股东自接到书面通知之日起满三十日未答复的，视为同意转让。其他股东半数以上不同意转让的，不同意的股东应当购买该转让的股权；不购买的，视为同意转让。

　　"经股东同意转让的股权，在同等条件下，其他股东有优先购买权。两个以上股东主张行使优先购买权的，协商确定各自的购买比例；协商不成的，按照转让时各自的出资比例行使优先购买权。

　　"公司章程对股权转让另有规定的，从其规定。"

　　股东的优先购买权是《公司法》基于维护公司"人合"性质的一个建议性举措，公司股东可以通过章程的形式对其进行修改或者限制。现实中，这种例子很常见，例如投资人在投资公司时，在投资协议中（后续会修改章程）要求公司的原股东放弃其对外转让股权时的优先购买权。

　　当公司的章程没有对股权转让行为予以特别约定时，因"行使优先购买权"而发生的纠纷非常多，而且司法观点也是非常的不统一，因此，为了防止引发股东矛盾，还是建议公司对股权转让行为制定简便易行且符合股东要求的特别约定。但不建议通过条款安排实质上排除股东的转让权，否则可能被认为侵害股东权利，导致公司章程相关内容无效。

（十七）股东资格继承

　　《公司法》第七十五条规定，"自然人股东死亡后，其合法继承人可以继承股东资格；公司章程另有规定的除外”。

自然人的股权是其合法财产，当其死亡后，其继承人有权依法予以继承，这是《婚姻法》的规定。但是，考虑到有限责任公司的"人合性"，为了维持公司的稳定发展，《公司法》允许公司章程对其继承人承继股东资格进行限制。

(十八)财务会计报告送交股东的期限

《公司法》第一百六十五条规定，"有限责任公司应当依照公司章程规定的期限将财务会计报告送交各股东"。

公司章程可以约定将财务会计报告送交各股东的期限，既可以规定一个时段，也可以规定具体时间。为了切实落实好股东的监督权及知情权，可在公司章程中对财务会计报告的完成时间以及送交时间都事先作出限定。

(十九)公司解散条件

《公司法》第一百八十条规定，"公司因下列原因解散：公司章程规定的营业期限届满或者公司章程规定的其他解散事由出现"。

《公司法》允许公司章程中对公司的解算事由进行约定，这是因为公司在发起成立的时候，各发起人对公司的经营期限、存续目的都有明确安排，当公司的经营期限届满，或者已经完成了公司的使命价值，公司即可解散。

公司营业期限届满或解散事由出现时，公司需要在法定期限内成立清算组进行清算，否则可能产生清算责任。公司清算是股东退出公司的途径之一。当公司陷入股东会或董事会僵局时，若出现解散事由，对于希望及时止损的股东而言无疑是有帮助的。灵活规定公司解散事由，也是公司章程自定义的优势所在。

(二十)承办公司审计业务的会计师事务所的聘用、解聘

《公司法》第一百六十九条规定，"公司聘用、解聘承办公司审计业务

的会计师事务所，依照公司章程的规定，由股东会、股东大会或者董事会决定"。

公司章程可以自主规定承办审计业务的会计师事务所的聘用和解聘决定由什么机构作出。为了确保股东的知情权，公司章程可以将会计师事务所的聘用、解聘职权限定在股东会，若直接交由董事会决定，小股东的参与权可能受到一定限制。

（二十一）对高级管理人员的界定

《公司法》第二百一十六条规定，"本法下列用语的含义：高级管理人员，是指公司的经理、副经理、财务负责人，上市公司董事会秘书和公司章程规定的其他人员"。公司章程可以约定哪些人属于公司的"高级管理人员"，即可在法律规定列举的上述四类人员的基础上，对高级管理人员的范围作进一步明确。

《公司法》从本质上来看类似于一部组织法，其对组织的基本原则问题进行规定是应有之义，而允许、倡导公司通过章程对组织内部的管理策略、决策程序等进行自由约定，则是尊重组织内部意思自治，激活组织效率，提升公司竞争力的必要举措，也反映了不同公司不同的治理体系以及不同公司股东之间的个性化需求。

第二章 公司控制权

第一节 股权设计概述

一、股权设计的内涵

什么是股权？毫无疑问，这是我们展开本章论述前首先要回答的问题，也是我们充分理解股权设计的基础和前提。

《公司法》第四条规定，公司股东依法享有资产收益、参与重大决策和选择管理者等权利。据此，股权是指股东基于其股东资格而对公司享有的权利。以有限责任公司为例，这些权利包括投资收益权、表决权、选择管理者权、建议或质询权、知情权、股权转让权、剩余资产分配权、优先购买权、优先认购权和股东代表诉讼等。由此可见，①股权本身并不是一项独立的权利，而是指股东对公司享有的所有权利的统称或集合，按照通说，我们可以概括地将以上权利分为两大类，即股东人身权和股东财产权；②股权与股东身份具有对应关系，也就是说，只有在具有股东身份的前提下才存在股权这一说，失去股东身份也就失去了股权；③股权与持股比例联系非常紧密，《公司法》规定，在章程没有特别约定的情况下，股东按照持股比例行使分红权、表决权等各项权利，因此，在通常情况下，股权的比例决定了股东的分红和股东对公司控制力的大小。

股权的重要性毋庸置疑，公司通过良好的股权设计可以实现多种目的，例如通过控制权设计实现公司架构稳定，通过股权激励设计实现团队凝聚，为融资及后续资本运作提供便利，等等。

不同的股权架构决定了公司不同的组织形态，股权设计可以从股权性质、股权比例、股权架构、持股主体等多种角度来进行有针对性的设计。

简单地说，股权设计就是指对股东人身权和财产权进行预先安排和适时调整的行为。

广义的股权设计不仅包括股东数量，股权比例，股东的出资金额、形式、期限，还包括股权成熟期、退出规则，尤其是投票权的让渡或制约等行为，以及上述各因素的有机组合。股权设计不是一成不变的，它会因各种因素的影响而不断地进行动态的调整。

股权设计是对股东核心权利的设计，是公司的顶层设计，它对公司的发展产生极其深远的影响，股权结构就如同大楼的地基一样，地基不牢固，楼建得越高，垮塌的风险就越大，带来的损失也会越惨烈，因此，可以毫不夸张地说，合理的股权架构是公司健康、长远发展的基石。

二、股权设计的价值

前文讲述了与股权设计相关的一些基本概念，此处将紧紧围绕下面这个问题展开，那就是股权设计到底有什么价值。

在回答这个问题之前，笔者要鲜明地指出，股权设计确实有着非常重要的价值，它适合大多数有限责任公司。但坦白地说，并不是每一个企业都需要经过严密而科学的股权设计，有的创业行为股东人数少、业务单一、资金要求不高，风险较小，也没有股东权利分配的要求，简单而集中的股权架构不仅能提高决策的效率，还能最大限度地提高资本的收益率；

还有一些创业行为甚至都不需要以公司这种组织形式，采用个体工商户、合伙企业等形式反而更灵活，也更能有效地规避税收负担。

那么，哪些类型的公司需要进行股权设计呢？笔者认为，具有以下几个特点的公司是有必要进行股权设计的：

第一，公司股东人数较多，股东类型不一的公司。例如，有财务投资型股东、技术型股东、资源型股东等，不同类型的股东对公司有不同的利益诉求。就财务投资型股东而言，其投资主要是为了投资回报，而并不过分在意对公司的控制。这种情况下，我们进行股权设计的时候就应该要考虑到这种类型股东的特点，充分保障其投资收益权，而可以对他的管理权进行一定的限制。

第二，有资本战略规划(融资、并购或上市等)的公司。合理的股权架构是引入投资的前提。投资人投资一家公司之前要进行详细的尽职调查，尽职调查相关内容详见本书第四章"尽职调查"，出资与股权关系是尽职调查重点关注的内容，如果公司股权关系出现了重大瑕疵，又难以经过协商处理妥善的，投资人一般不可能对这家公司进行投资。

第三，有引进合伙人、进行股权激励计划的公司。引入合伙人、进行股权激励会稀释原有股东的股权，影响股权结构，进而影响公司控制权，公司应该提前做好股权设计。

第四，其他致力于长远发展的公司。

公司的属性决定了其存在的目的是发展，所有公司行为和股东权益的安排也是基于这个基本目的而展开的，股权设计当然也不例外。这并不是说合理的股权设计一定能让公司飞黄腾达，但是，股权结构存在重大瑕疵的公司一定是难以长期、稳定经营下去的。因此，对于绝大多数致力于长期发展的公司而言，股权设计是现代企业经营中非常重要的一个环节。

但是，不可否认的是，现实中有不少人对股权设计存在误解，尤其是小股东，他们在公司事务中，既没有话语权，更没有决定权，他们认为股权设计是公司大股东排挤小股东、压榨小股东利益的工具，因此，他们对股权设计存在一定的排斥心理。其实，这是对股权设计的重大误解，为什么这么说呢？这就要过渡到本节的重点内容，即股权设计的三个重要价值。

（一）发展的价值

发展是股权设计的核心目的。公司是一种盈利性的企业法人，其最重要的特征是通过经营性行为获取利益，并向其成员进行分配。公司如果没有发展，就不会有盈利，更不可能向其投资人分配利益，公司也就失去了意义，因此，可以说，发展是公司的核心目的，是公司全体投资人的基本价值追求。

当然，很多人会问，那公司的发展和股权设计有什么关系呢？股权设计是如何体现公司的发展价值呢？诚然，影响公司发展的因素实在太多了，无法完全列举，但是我们可以概括地将上述因素分为外因和内因两大类。外因诸如市场环境、竞争对手等不可抗因素；内因则主要跟创始人相关，如创业能力、管理水平和公司的顶层设计等，上文也讲过，股权设计属于公司的顶层设计，是影响公司发展的内因之一。优秀股权设计的例子千千万万，像华为、阿里、京东等。股权设计的好坏不仅会直接影响公司的稳定与发展，甚至决定了公司的生死存亡。

（二）平衡的价值

平衡是股权设计的内在要求，它指的是创始股东与投资人及管理层之间权、责、利的动态平衡，主要体现在以下三个方面。

（1）股权分配的平衡。平衡的价值基础是公平，但平衡绝对不是要求股权的平均分配，也不是要求股权的分配与股东的出资完全对等，而是应该以股东对公司投入要素的贡献值为标准来平衡股东的股权比例。举个例子，一家硬核科技创业公司有两个创始股东，注册资本 100 万元，其中股东 A 负责技术研发和公司管理，股东 B 仅仅是财务投资，不参与公司的日常运营，在公司创立的时候，股东 B 向公司投资了 50 万元，按照我们通常的理解，根据他的出资，股东 B 应该要占有公司 50% 的股权，但是，这家公司的核心价值在于股东 A 掌握的技术，而并非股东 B 的投资款，经过商量，两位股东最终达成一致意见，股东 A、B 分别占有公司 80% 和 20% 的股权，这种分配看似非平衡，实则体现了股权设计的平衡价值。

（2）投资收益权与公司管理权的平衡。还是上面的例子，公司经过一段时间的发展，引入了投资人 C，投资人 C 通过增资的方式投资公司 300 万元，占有了 30% 的公司股权（公司投后估值 1000 万元），创始人 A 和 B 经稀释后的股权比例分别为 56%、14%。在通常情况下，此时创始人 A 已经失去了公司的绝对控制权，为了保持对公司的绝对控制，创始人 B 将他的投票权全部委托给创始人 A，这样创始人 A 就有了公司 70% 的投票权，重新掌握了公司的控制权。这个时候，创始人 B 的分红权和投票权就产生了分离，他还是拥有 14% 的分红权，但是却没有了投票权，这既满足了创始人 A 的要求，又不影响创始人 B 的投资意愿，最终达到了投资收益权和公司管理权的平衡。

（3）收益和风险的平衡。一般情况下，收益和风险是成正比例相关的，所谓"享受多大的收益，就应该承担多大的风险"，这是投资行为应该遵循的最朴素的道理。对于创始股东而言，作为公司发展成果的最大享受者，理应承担最大的风险责任，这不仅是创始人对公司负责任的体现，也是商业行为的基本要求。对于投资人而言，其基于对公司的投资行为而享有投资收益，也应该要承担相应的投资风险。可是，现实中的投资行为看起来好像并非我们想象的那样"公平"，很多约定（例如，优先分红权、优先清算权等（详见本书第五章"投资交易文件核心条款"））打破了我们所说的"平衡"，在投资人和原股东以及目标公司之间造成明显的不公。其实，这种看似不公平的约定实则体现了"公平"的本质要求，原因如下：

第一，我国公司法是允许股东之间对公司的收益分配作出自由约定的，法律对于公司股东之间的意思自治是持尊重和保障的态度，通俗地说，"一个愿打一个愿挨"，其他人无权过多干涉。

第二，投资人对公司的投资承担了信息不对称带来的巨大风险（公司估值的不确定性），这种风险在股东之间的分配不是与股东的持股份额一一对应的，也就是说投资人承担了比创始股东更大的资金风险，为了弥补这种风险承担的不公平，投资人要求一些优先权利在某种程度上是理性和合理的。

第三，投资人对公司收益分配有一定的优先权并不表示投资人对公司是不承担风险的。投资人作为公司的股东，在股东的本质属性上，同创始股东一样，以其对公司的投资额为限对公司承担有限责任，这个时候投资人承担的损失可能要远远高于创始人的损失，当然，这里的责任承担已经超脱了我们对风险的一般定义。

由此可见，这种表面上的"不公平"不仅没有破坏平衡的价值，反而正是收益和风险平衡的内在要求。

（三）制约的价值

股权的设计还有一个很重要的价值就是制约，制约的价值主要体现在两个方面：小股东对大股东的制约和内部人与外来人（投资人）的相互制约。

（1）小股东对大股东的制约主要在于限制大股东的权利，避免因其对公司的控制权而做出有损小股东利益的行为。《公司法》第二十条规定，"公司股东应当遵守法律、行政法规和公司章程，依法行使股东权利，不得滥用股东权利损害公司或者其他股东的利益，公司股东滥用股东权利给公司或者其他股东造成损失的，应当依法承担赔偿责任"。通过股权设计，小股东可以要求一定的保护性权利，例如对某些重大的事项（对外担保、对外举债、对外投资等行为）有一票否决权等。因此，从这个角度来讲，小股东应该更期待、更欢迎股权设计，而并不应该出现"排斥、抵触心理"。

（2）内部人与外来人（投资人）的相互制约主要体现在创始股东引入投资，股权稀释后对公司的控制权上。公司控制权包括控制公司组织机构的权力，公司的组织机构包括股东会、董事会、监事会、经理、法定代表人等，而股权是股东基于其股东资格而享有的，从公司获得经济利益，并参与公司经营管理的权利。如果股权与投票权在一一对应的情况下，那么掌控公司控制权的最直接方式就是掌控公司的股权。但现实情况下，很多公司的股权与投票权是分离的，尤其是在投资人要求诸多投资保护条款（详见本书第五章"投资交易文件核心条款"）的情况下，所以对公司控制权的掌控就需要利用很多其他的工具或者协议，例如股权代持、特别表决权（AB股）、投票权委托、一致行动人协议、一票否决权等。因此，在股权设计中，我们要结合不同公司的实际情况来综合考虑以上工具的组合使用。

综上所述，股权设计的发展、平衡、制约三个价值是一个有机的整体，彼此互相促进、互相影响、不可或缺，它们共同构成了股权设计的价值取向

三、股权设计的法律基础

股权设计的合法性基础在于法律的规定和法律允许的自由约定，主要体现在《公司法》和《中华人民共和国合伙企业法》（简称《合伙企业法》）两部法律当中。

（一）《公司法》的相关规定

1. 第四条　【股东权利】公司股东依法享有资产收益、参与重大决策和选择管理者等权利。

规则：股东法定权利的概括。

2. 第十一条　【公司章程】设立公司必须依法制定公司章程。公司章程对公司、股东、董事、监事、高级管理人员具有约束力。

规则：章程是必备的法律文件及章程的效力范围。

3. 第三十四条　【分红权与优先认购权】股东按照实缴的出资比例分取红利；公司新增资本时，股东有权优先按照实缴的出资比例认缴出资。但是，全体股东约定不按照出资比例分取红利或者不按照出资比例优先认缴出资的除外。

规则：分红权及优先认购权可与股权比例相分离，在全体股东一致同意的情况下，可以自由约定。

4. 第四十二条　【股东的表决权】股东会会议由股东按照出资比例行使表决权；但是，公司章程另有规定的除外。

规则：股东表决权可与出资比例相分离，法律尊重章程的自由约定。

5. 第四十三条　【股东会的议事方式和表决程序】股东会的议事方式和表决程序，除本法有规定的外，由公司章程规定。

股东会会议作出修改公司章程、增加或者减少注册资本的决议，以及公司合并、分立、解散或者变更公司形式的决议，必须经代表三分之二以上表决权的股东通过。

规则：一般事项的表决，公司章程可以自由约定；重大事项，不能自由约定表决权比例。

6. 第三十七条　【股东会职权】股东会行使下列职权：

（一）决定公司的经营方针和投资计划；

（二）选举和更换非由职工代表担任的董事、监事，决定有关董事、监事的报酬事项；

（三）审议批准董事会的报告；

（四）审议批准监事会或者监事的报告；

（五）审议批准公司的年度财务预算方案、决算方案；

（六）审议批准公司的利润分配方案和弥补亏损方案；

（七）对公司增加或者减少注册资本作出决议；

（八）对发行公司债券作出决议；

（九）对公司合并、分立、解散、清算或者变更公司形式作出决议；

（十）修改公司章程；

（十一）公司章程规定的其他职权。

对前款所列事项股东以书面形式一致表示同意的，可以不召开股东会会议，直接作出决定，并由全体股东在决定文件上签名、盖章。

规则：股东会的法定职权不能通过章程予以剥夺，也就是说，股东会的职权"只能增加不能减少"。

7. 第四十六条　【董事会职权】董事会对股东会负责，行使下列职权：

（一）召集股东会会议，并向股东会报告工作；

（二）执行股东会的决议；

（三）决定公司的经营计划和投资方案；

（四）制订公司的年度财务预算方案、决算方案；

（五）制订公司的利润分配方案和弥补亏损方案；

（六）制订公司增加或者减少注册资本以及发行公司债券的方案；

（七）制订公司合并、分立、解散或者变更公司形式的方案；

（八）决定公司内部管理机构的设置；

（九）决定聘任或者解聘公司经理及其报酬事项，并根据经理的提名决定聘任或者解聘公司副经理、财务负责人及其报酬事项；

（十）制定公司的基本管理制度；

（十一）公司章程规定的其他职权。

规则：股东会可以授权给董事会，董事会不能架空股东会。

8. 第四十九条　【经理的设立与职权】有限责任公司可以设经理，由董事会决定聘任或者解聘。经理对董事会负责，行使下列职权：

（一）主持公司的生产经营管理工作，组织实施董事会决议；

（二）组织实施公司年度经营计划和投资方案；

（三）拟订公司内部管理机构设置方案；

（四）拟订公司的基本管理制度；

（五）制定公司的具体规章；

（六）提请聘任或者解聘公司副经理、财务负责人；

（七）决定聘任或者解聘除应由董事会决定聘任或者解聘以外的负责管理人员；

（八）董事会授予的其他职权。

公司章程对经理职权另有规定的，从其规定。

经理列席董事会会议。

规则：经理的职权来源于董事会的授权和公司章程的规定。

(二)《合伙企业法》的相关规定

1. 第二条第二款　有限合伙企业由普通合伙人和有限合伙人组成，普通合伙人对合伙企业债务承担无限连带责任，有限合伙人以其认缴的出资额为限对合伙企业债务承担责任。

规则：不同类型合伙人的责任承担方式不一样。

2. 第六十七条　有限合伙企业由普通合伙人执行合伙事务。执行事务合伙人可以要求在合伙协议中确定执行事务的报酬及报酬提取方式。

规则：有限合伙企业的运营管理由普通合伙人负责。

四、股权设计的要素

(一)股权性质的角度

1. 普通股和优先股

股权的性质存在不同的划分标准，根据股东权利来划分，股权可分为普通股和优先股。普通股是最普遍、最基本的股权形式，普通股股东有权参与公司经营决策，享有分红权、表决权、优先购买权、剩余资产分配权等基本权利；优先股股东一般不参与公司经营管理，享有优先分红权、优先认购权、反稀释权、优先购买权、共同出售权、优先出售权、回购权、领售权、优先清算权等股东优先权利。在投融资实践中，优先股股东享有股东优先权利的范围将根据各方谈判协商最终确定。关于优先股股东股权所涉及的核心条款和谈判要点，将在本书第五章"投资交易文件核心条款"中具体阐述。

2. 期权和限制性股权

根据激励方式来划分，一般情况下，股权可分为期权和限制性股权等，该分类仅适用于激励股权。期权和限制性股权为两种最主流的股权激励模式。期权是公司授予激励对象在未来一定期限内，以预先确定的价格和条件购买公司一定数量股票的权利，受激励对象在获得期权时无需支付对价，在行权时支付对价。限制性股权是指公司授予激励对象一定数量的公司股权，受激励对象在激励公司工作达到一定年限或完成预设的业绩目标等条件时，激励公司分批解锁限制性股权，解锁后的股权具备完全的股权属性，可以自由转让和处分。但对于尚未上市的有限责任公司而言，公司通常在上市前对限制性股权设置处分限制，无论是否解锁，均不允许转让和处分。

根据不同的划分标准，股权的性质还存在多种不同的分类，此处仅简要介绍上述两种在投融资实践中应用最为广泛的类型。

(二)股权比例的角度

从股权比例的角度，创始人需对各方持有股权的比例进行合理的分配。

对于创始人而言，持股比例过低可能导致其失去对公司的控制权，持股比例过高则有可能导致"一言堂"。未来上市时公司内部控制制度是否有效运行，可能会被上市审核机构问询。创始人持股比例过低失去对公司的控制权，这个容易理解；创始人持股比例高可以完全掌握决策权和管理权，有利于充分发挥个人优势，使公司快速发展，看上去对创始人没有坏处。但实际上一股独大式的股权结构亦有显著弊端，例如大股东持股98%，小股东持股2%时，大股东完全控制了公司的所有权、决策权和管理权，其他股东难有发言权，对大股东难以产生牵制作用，投资人投资会缺乏必要的安全感；同时由于股权治理结构"一言堂"，也容易发生重大经营决策实施不当控制的风险。

对于激励股权的员工而言，激励股权持股比例过低会导致激励效果不明显，外部投资人认可度不高；持股比例过高也可能会影响创始人对公司的控制力，从而影响公司后续对外股权融资的灵活性。

对于投资人而言，投资人持股比例过低则会导致投资收益回报小，对投资人的吸引力不够；持股比例过高则可能会严重影响创始人对公司的控制权，也会对公司后续融资产生障碍。

因此，公司各方股东的股权比例设置合理，可以最大限度激发各方股东的活力。对于初创公司而言，通常会预留 10%～20% 的激励股权由创始人代持，同时考虑到未来投资人稀释的影响，创始人持有 70%～80% 的股权是较为合理的。

就有限责任公司而言，在股权和投票权一一对应的一元股权结构下，除公司章程约定股东会不按出资比例行使表决权的情形外，如下五个股权比例线值得关注：

（1）比例>0%——代位诉讼权、派生诉讼权。根据《公司法》第一百五十一条①的规定，有限责任公司股东有权对董事、高级管理人员和监事侵害公司利益的行为提请诉讼或直接提起诉讼。只要是公司的股东，哪怕股权比例再低，都有权对侵害公司利益的行为提请诉讼或直接提起诉讼。

（2）比例>33.3%——重大事项控制权。根据《公司法》第四十三条②的规定，代表三分之一以上表决权的股东有权否决公司修改公司章程、增加或减少注册资本以及公司合并、分立、解散或者变更公司形式的决议。在没有其他股权设计安排的情况下，如果股权比例没有达到三分之一以上，

---

① 《公司法》第一百五十一条规定，"董事、高级管理人员有本法第一百四十九条规定的情形的，有限责任公司的股东、股份有限公司连续一百八十日以上单独或者合计持有公司百分之一以上股份的股东，可以书面请求监事会或者不设监事会的有限责任公司的监事向人民法院提起诉讼；监事有本法第一百四十九条规定的情形的，前述股东可以书面请求董事会或者不设董事会的有限责任公司的执行董事向人民法院提起诉讼。监事会、不设监事会的有限责任公司的监事，或者董事会、执行董事收到前款规定的股东书面请求后拒绝提起诉讼，或者自收到请求之日起三十日内未提起诉讼，或者情况紧急、不立即提起诉讼将会使公司利益受到难以弥补的损害的，前款规定的股东有权为了公司的利益以自己的名义直接向人民法院提起诉讼。他人侵犯公司合法权益，给公司造成损失的，本条第一款规定的股东可以依照前两款的规定向人民法院提起诉讼"。

② 《公司法》第四十三条规定，"股东会的议事方式和表决程序，除本法有规定的外，由公司章程规定。股东会会议作出修改公司章程、增加或者减少注册资本的决议，以及公司合并、分立、解散或者变更公司形式的决议，必须经代表三分之二以上表决权的股东通过"。

那么对于改变公司性质、修改公司章程，甚至是解算公司等重大事项的决议连否定的权利都没有。

（3）比例>50%——相对控股权。《公司法》第一百零三条第二款规定，股东大会作出决议，必须经出席会议的股东所持表决权过半数通过。以上规定是针对股份公司而言的，对于有限责任公司，《公司法》规定对于公司决议的重大事项要求是三分之二以上表决权，而对于一般事项则没有明确规定，仅在第十六条【公司担保】和第七十一条【股权转让】中规定了"过半数同意"。但是，持股比例在51%以上的大股东，能够控制绝大部分的投票权，对于《公司法》第三十七条规定的股东会职权中一般事项是有权决定通过的。

（4）比例>66.6%——绝对控制权。《公司法》第四十三条第二款规定，股东会会议作出修改公司章程、增加或者减少注册资本的决议，以及公司合并、分立、解散或者变更公司形式的决议，必须经代表三分之二以上表决权的股东通过。《公司法》第一百零三条第二款规定，股东大会作出修改公司章程、增加或者减少注册资本的决议，以及公司合并、分立、解散或者变更公司形式的决议，必须经出席会议的股东所持表决权的三分之二以上通过。绝对控制权主要是针对公司的重大事项，如注册资本的变化，修改公司章程，公司分立、合并、解散等。当然，连公司的重大事项都能控制，意味着对公司的一切决议都可以控制。

（5）比例=100%，无限责任风险。《公司法》第六十二条规定，一人有限责任公司应当在每一会计年度终了时编制财务会计报告，并经会计师事务所审计。同时，第六十三条还规定，一人有限责任公司的股东不能证明公司财产独立于股东自己的财产的，应当对公司债务承担连带责任。一人公司最大的风险在于公司财产和股东个人财产混同带来的无限连带责任，因此，这也是一种要尽量避免的股权结构。

（三）持股主体的角度

从持股主体的角度，可以由自然人、有限责任公司、有限合伙企业多种主体来持股。在股权设计中，持股主体的选择主要取决于两个因素——税负成本和股东管理。根据公司发展阶段的不同，持股主体的选择也有所不同。常见的股权持股设置方案如下：

1. 自然人持股

自然人持股是最常见的一种持股形式，也是最直接、决策效率最高的一种持股方式，只要不存在法律明文规定不允许担任股东的情形(例如公务员、军人等)都是可行的。在税负成本方面，自然人持股通过股权变现仅收取个人所得税，不存在重复征税的情况。

2. 法人持股

法人持股是指设立特殊目的平台公司(一般为有限责任公司)，通过受让原股东股权或对目标公司增资形式，成为目标公司的股东。

法人持股模式下，平台公司的股东多半是由目标公司进行股权激励的核心员工组成的，目标公司的大股东通过掌握平台公司的控制权来管理平台公司。平台公司里的股东，同其他普通公司的股东一样，享有充分的分红权，并按照《公司法》和平台公司章程的规定行使表决权。另外，由于平台公司与目标公司是两个独立的公司，平台公司内部股东的管理只在平台公司内部进行就可以，而不会影响到目标公司的股权结构和工商登记信息，这样的安排既能保证目标公司大股东的控制权，又能保证平台公司股东的分红权，还能对股东进行有效的管理，降低目标公司股东过多带来的决策效率低下问题。

但是，在法人持股的情况下，平台公司的股东可能会面临双重征税的问题。平台公司转让其持有的公司股权，需按照25%的税率计算缴纳企业所得税，当公司将盈利再向其个人股东分配时，个人股东还要按照"利息、股息、红利所得"以20%的税率缴纳个人所得税。因此，在不考虑税收优惠的情况下，法人持股下个人股东套现的税负为40%(法人先缴纳25%企业所得税；股东缴纳20%个人所得税，75%×20% = 15%，25% + 15% = 40%)，明显高于自然人直接持股的税负。

3. 有限合伙企业持股

以有限合伙企业作为持股平台，若有限合伙企业的合伙人为自然人，其税负成本同自然人直接持股一样。此种情形下，税收筹划的操作空间较大，例如，可以将企业设在某些税收洼地(如新疆、西藏等企业所得税有优惠的地方)。若合伙人为法人，则同法人持股一样，个人股东股权变现税负为40%。

而在股东管理方面，以有限合伙企业作为持股平台有如下显著优势：

(1)机制灵活，有利于把握公司控制权

根据我国《合伙企业法》的规定，有限合伙企业的合伙人由普通合伙人(GP)和有限合伙人(LP)组成，GP执行合伙事务，LP不执行合伙事务且不得对外代表有限合伙企业。简而言之，在有限合伙企业里面，公司的经营决策都是由GP说了算，这就是说，控制了GP就控制了这个企业。所以，目标公司大股东一般会在有限合伙持股平台里当GP，然后委派代表担任执行事务合伙人，让其他的股东(股权激励的核心员工)充当LP，这样就能牢牢把握整个持股平台的控制权。

(2)成本低

我国《合伙企业法》规定，有限合伙企业由普通合伙人和有限合伙人组成，普通合伙人对合伙企业债务承担无限连带责任，有限合伙人以其认缴的出资额为限对合伙企业债务承担责任。从以上规定可知，GP是没有出资金额要求的，也就是说，目标公司的大股东只需要在有限合伙企业持股平台里持有少量的财产份额就能担任GP，降低了出资成本。

此外，虽然GP理论上需要对有限合伙企业承担无限连带责任，但是有限合伙企业作为持股平台，其本身不开展公司经营活动，其责任风险来源于其控股的有限责任公司。而有限合伙企业作为有限责任公司的股东，承担有限责任，因此GP实际上不存在承担无限连带责任的风险。

在实践中，股权结构设计往往将自然人持股、法人持股和有限合伙企业持股结合起来以实现多种目的。以图2-1股权结构示意图为例，通过层层股权架构，可以实现控制权管理、优化个税和规避风险等多种功能。

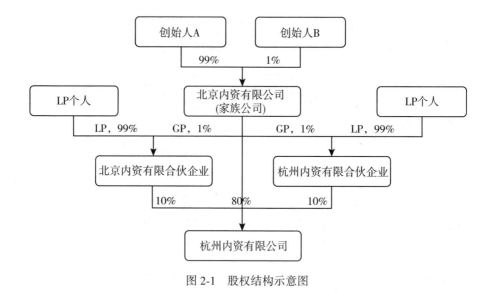

图 2-1 股权结构示意图

首先，从控制权的角度，创始人 A 和创始人 B 通过间接持股家族公司和两个有限合伙企业，合计持有杭州内资有限公司 80.2% 的股权。但是因为家族公司担任两个有限合伙企业的 GP，可以控制两个有限合伙企业。创始人 A 和创始人 B 通过上述安排，可以实际拥有杭州内资有限公司 100% 的表决权。

其次，从优化个税的角度，当有限合伙企业转让杭州内资有限公司股权时，就股权转让所得，LP 仅需就股权转让所得缴纳 20% 或 5%～35% 的个人所得税①，避免了双重征税的风险。

再次，从规避风险的角度，若杭州内资有限公司发生经营风险，股东承担责任时只追缴至北京内资有限公司这一层；或者创始人因无法清偿自

---

① 按照《关于个人独资企业和合伙企业投资者征收个人所得税的规定》（财税〔2000〕91 号），合伙企业应以每一纳税年度的收入总额扣除成本和费用的余额，比照《个人所得税法》中"个体工商户的生产经营所得"项目，适用 5%～35% 的超额累进税率征收个税。但若 LP 属于创投类企业，通过单一投资基金核算，可就股权转让所得缴纳 20% 的个人所得税。

身债务导致需要冻结资产时，创始人持有的北京内资有限公司股权冻结，不影响杭州内资有限公司股权。北京内资有限公司可以在其中起到风险隔离的作用。当然，法律讲究"实质大于形式"，如果杭州内资有限公司发生重大法律问题，层层穿透、实质追究，真正的法律风险可能无法规避。

最后，对于某些特殊行业，例如不允许外资进入的行业，可能有股东结构诉求，逐级向上甚至可以再架构一层外商投资企业、境外全资公司、境外自然人。再通过协议控制，由境外全资公司在境外融资，外资注入境外全资公司后，通过协议打款给境内公司，由境内公司开展业务。

（四）股权架构的角度

从股权架构的角度，公司股权架构可分为一元股权架构、二元股权架构和多元股权架构。

一元股权架构是传统的架构类型，股东持股比例、表决权比例和分红权比例是一致的，持股比例越高的股东，表决权和分红权比例越高。

二元股权架构对持股比例、表决权比例和分红权比例作出不等比例的安排，AB股制度为典型的二元股权架构。

多元股权架构则是在二元股权架构的基础上考虑创始人、投资人、核心骨干等各类主体之间的利益关系，考虑各方的贡献。

第二节　公司控制权

在很大程度上，股权的设计与公司控制权的设计是紧密联系在一起的，没有弄明白公司控制权的概念也就无法理解股权设计的内涵和精髓。

关于公司控制权的概念，确实是一个众说纷纭、莫衷一是的话题，有人将它定义为"公司内部相关利益主体享有的对公司运营的决策权和支配权"，也有人将其定义为"拥有公司一定比例以上的股份，或通过协议方式能够对公司施行实际控制的权力"。

现行法律法规对于公司的控制权尚无统一的定义，散见于公司法、证券法及其配套的规章制度中。

一、公司法层面的控制权

《公司法》对实际控制人进行了定义，但如何理解"控制"和"控制权"，《公司法》未作进一步的解释。

根据《公司法》第二百一十六条的规定，实际控制人，是指虽不是公司的股东，但通过投资关系、协议或者其他安排，能够实际支配公司行为的人。该定义排除了股东担任实际控制人的情形，存在明显的法律漏洞，2021年12月24日公布的《公司法（修订草案）征求意见》第二百五十九条第三款已将"虽不是公司的股东"一句删除。由此，我们可以看出，《公司法》将"实际支配公司行为"作为理解公司控制权的重点。

二、合伙企业法层面的控制

有限合伙企业是对公司控制权进行设计的有效工具。关于合伙企业控制人认定事宜，《合伙企业法》本身并未直接规定，通常主要结合"合伙事务执行""合伙企业重大事项表决"等与合伙企业控制权认定的有关内容进行分析。

《合伙企业法》第六十七条和第六十八条规定，有限合伙企业由普通合伙人执行合伙事务。有限合伙人不执行合伙事务，不得对外代表有限合伙企业。因此在认定有限合伙企业控制权时，通常将执行事务合伙人认定为有限合伙企业的控制权。

虽然普通合伙人作为执行事务合伙人负责有限合伙企业事务的执行，但并不意味着执行事务合伙人对有限合伙企业的重大事项有决定权，具体还需要依据合伙协议的约定来判断。若合伙协议约定对合伙企业某些重大事项需要按照出资比例或者合伙人人头来表决，则普通合伙人很可能无法对合伙企业重大事项具有决策权。因此有限合伙企业的控制权认定需要结合多方面综合判断。

三、证券法层面的控制权

《中华人民共和国证券法》(2019 年修订)(简称《证券法》)在《公司法》的框架下，继续拓展《公司法》关于控制权的定义。

《〈首次公开发行股票并上市管理办法〉第十二条"实际控制人没有发生变更"的理解和适用——证券期货法律适用意见第 1 号》①中提到"公司控制权是能够对股东大会的决议产生重大影响或者能够实际支配公司行为的权力，其渊源是对公司的直接或者间接的股权投资关系。因此，认定公司控制权的归属，既需要审查相应的股权投资关系，也需要根据个案的实际情况，综合对发行人股东大会、董事会决议的实质影响、对董事和高级管理人员的提名及任免所起的作用等因素进行分析判断"。《上市公司收购管理办法》(2020 年修订)(简称《上市公司收购管理办法》)第八十四条规定，"有下列情形之一的，为拥有上市公司控制权：(一)投资者为上市公司持股 50%以上的控股股东；(二)投资者可以实际支配上市公司股份表决权超过 30%；(三)投资者通过实际支配上市公司股份表决权能够决定公司董事会半数以上成员选任；(四)投资者依其可实际支配的上市公司股份表决权足以对公司股东大会的决议产生重大影响；(五)中国证监会认定的其他情形"。

可见，《证券法》下对控制权的判断是以股权的归属为基础的，同时还考虑了对股东会和董事会等决策机构的控制因素。《上市公司收购管理办法》第 84 条列举了如下五种拥有上市公司控制权的情形：一是通过控股实现控制，股东拥有公司 50%以上的股份从而拥有上市公司控制权；二是通过表决权实现控制，股东直接或间接拥有 30%以上的股份表决权，或者虽然没有拥有 30%以上的股份表决权，但存在与其他股东一致行动、表决权

---

① 现已失效，被证监会于 2023 年 2 月 17 日公布的《〈首次公开发行股票注册管理办法〉第十二条、第十三条、第三十一条、第四十四条、第四十五条和〈公开发行证券的公司信息披露内容与格式准则第 57 号——招股说明书〉第七条有关规定的适用意见——证券期货法律适用意见第 17 号》所替代。

委托等情形，可实际行使 30% 以上的股份表决权；三是通过董事会席位进行控制，有权决定上市公司多数董事席位的；四是对股东大会的决议产生重大影响，至于何为重大影响尚未有明确规定；五是其他情形，为兜底条款。

综上可见，认定控制权归属主要从拥有股权和表决权的比例、对董事会决策和经营管理层面的控制程度等角度判断，分析是否能够实际支配公司行为。对于单一股东持股比例高的公司来说，控制权的认定较为简单，而对于股东数量多、股权分散、架构复杂的公司来说，公司控制权的认定变得更加复杂，需要从董事会决策层面和经营管理层面的控制力来进行判断。

在投融资实践中，判断非上市公司实际控制人和／或实际控制权发生变更，可以从表决权层面、持股数额层面或经营管理层面三个方面来综合判断，可参考如下表述——"实际控制人和／或实际控制权发生变更"——指创始人在目标公司的持股情况应满足如下条件之一，否则将视为目标公司实际控制人和／或实际控制权发生变更：

（1）在表决权层面，创始人通过其自身所直接持有的目标公司表决权，通过其 100% 拥有的创始人持股平台（如有）所持有的目标公司表决权，以及通过其自身作为唯一 GP 的员工持股平台（如有）所持有的目标公司表决权合计应超过 50%；

（2）在持股数额层面，创始人直接和间接持有的目标公司股权数额合计应超过 50%；

（3）无论在表决权层面，还是在持股数额层面，创始人始终为目标公司单一最大股东；以及

（4）在经营管理层面，创始人始终有权提名和委派目标公司过半数的董事，或通过合同及其他安排实现对目标公司运营和管理的控制。

第三节　创始人如何规划控制权

在公司设立早期，创始团队之间股权如何合理分配？公司发展过程中

对员工进行股权激励时以及融资引入投资者的过程中，创始人的股权稀释导致创始人持股比例降低，表决权随之降低，此时如何通过股权设计，使创始人不失去对公司的控制权？本节将对上述问题进行具体阐述。

一、创始人股权未稀释时的安排

在公司发展初期，创始人或创始团队持有公司全部股权且控制着董事会，公司控制权牢牢掌握在创始人或创始团队手中。但是创业需要走一步看三步，考虑到公司发展需要，创始人需考虑到后续投资人的引入以及员工股权激励的安排，为公司设计清晰、稳定且合理的股权结构，以吸引更有能力的人才和更有资源、实力的投资人。

（一）创始团队内部的股权架构设计

首先，创始人需选择合适的创业伙伴及股东。俗话说，"一个好汉三个帮"，创业也是如此。创始人寻找创业伙伴以整合资源、取长补短，创业伙伴会成为公司的联合创始人。高新技术领域的初创公司往往会由不同技术领域的专家组建创业团队，再加上市场、财务、运营等方面的专家，三五人组成的创业团队屡见不鲜。创始人组建创始团队时需要重视股东结构的设计，实现股东之间的优势互补，寻找认同公司前景及发展的联合创始人。

其次，股权结构要清晰、稳定。公司应尽量避免出现出资数额及比例与公开登记不一致、委托代持股、隐名持股以及股权因继承、婚姻等原因导致分割、质押、司法冻结及偿债等情形。当公司存在股权代持事项时，存在实际出资人要求显名，打破公司"人合性"特征，导致公司股权结构不稳定的风险。若因继承、婚姻等事项导致股权被冻结时，工商机关不会为公司办理增资变更登记，进而影响公司的融资计划。实践中，虽然部分地区的工商机关为公司办理了增资变更登记，但如果相关债权人/权利人提出异议，该等增资变更登记可能面临被法院撤销的法律风险。如在2019年的再审案例"声威建材案"［（2018）陕02行再1号12号］中，权利人即对工商机关在股东股权被冻结的情况下为公司办理增资变更登记的行为提出了异议，该案历经了一审、二审和再审，最后由法院作出再审判决，撤销了工商机关对公司注册资本的变更登记行为。

最后，创始团队股权应避免过于分散，应有核心创始人。创始团队内部股权结构规划不合理，难以认定核心创始人，将导致公司控制权过于分散。在创业之初，创始团队拥有共同的理念和目标。而随着公司不断发展壮大，创始团队成员的理念和目标发生了分歧，如果创始团队股权过于分散，在缺乏有效的机制解决分歧的情况下，会给公司带来毁灭性的打击。

就具体的分配比例来说，每个公司的实际情况不一样，本来也没有放之四海而皆准的股权分配方案。但是，结合笔者的工作实践，我们觉得以下三种股权的分配方案存在先天的缺陷，创始人在初次分配的时候要尽量避免：

（1）50%-50%制，派生的有 33.3%-33.3%-33.3%、25%-25%-25%-25%，即绝对平分制，公司极容易陷入僵局，公司决策机制失灵。

（2）90%-10%制，一家独大，如果缺少动态调整机制，会严重打击小股东创业积极性。

（3）40%-40%-20%制，这种不能说完全不合理，但是会出现一个问题，即两个大股东都不能起到决定的作用，当两位大股东产生分歧时，公司的决策权变相地转移到了小股东的身上。

合理的股权架构包括70%-30%制或80%-20%制，70%-20%-10%制或60%-30%-10%制，70%-20%-5%-5%制或67%-18%-15%-10%制或51%-34%-10%-5%制等。总而言之，总原则为创始团队中需要有一个核心创始人，具有最高的领导力，能决定事情，针对其他创始团队成员的资源、能力及发展阶段，平衡其他创始团队成员之间的持股比例。

（二）预留员工激励股权

股权激励对于公司吸引人才、激发员工能动性至关重要，是将员工利益和企业利益绑定的一种激励工具。

员工激励股权的股权来源为公司增发股权或创始人转让股权，增发股权导致全体股东股权同比例稀释，对创始人控制权影响相对较小，但创始人转让股权则会使得创始人持股比例降低。对此，笔者建议公司在设立之初即预留 10%~20% 的股权用于员工股权激励，预留的股权先由创始人代持，表决权由创始人行使，以增强创始人的控制权。

公司设立之初预留好员工激励股权，但何时进行股权激励并选定妥当的时间点是实施股权激励前首要考虑的问题。笔者建议，在引入投资前进行员工激励股权。因为从财务、税务角度以及融资便利角度而言，这对于公司而言都是更好的选择。

1. 财务影响因素

员工股权激励在会计处理上表现为股份支付，根据《企业会计准则第11号——股份支付》第二条的规定，股份支付，是指企业为获取职工和其他方提供服务而授予权益工具或者承担以权益工具为基础确定的负债的交易。

通俗来说，就是公司将股权分配给受激励对象，从而代替现金支付薪酬，但是现金支出减少并不意味着成本减少，因此员工股权激励作为一种财务支出，在会计上体现为股份支付，在财务上计入管理费用，进而对公司利润构成影响。"员工持股成本"与"市场公允价值股票"之间的差额，就是企业支付给员工的变相现金薪酬。市场公允价值通常是该次股权激励授予日权益工具公允价值的外部融资估值价格换算而得，而未上市企业无法在二级市场确认股权公允价值，通常参考融资机构的估值、净资产、账面价值三种方式合理确认公允价值以计算股份支付费用。

对于发展较快的企业而言，员工股权激励应尽早规划进行，早期公司股权价值相对较低，股份支付费用较低，进而对公司利润的影响较小。此外，股权激励具体操作方案的设置也会影响会计处理方式，导致股份支付费用是一次性计入费用或分期摊销确认到各会计期间，分期摊销的方式会减少对公司财务报表的跨期影响。

2. 税务影响因素

在对员工进行股权激励时，员工往往需要支付的对价很低，如果员工以市场价格购买，一方面是员工可能存在资金困难，另一方面该等激励效果也会锐减。对于员工以低价取得的激励股权，员工需履行个人所得税纳税义务，且公司需承担代扣代缴义务。员工以低于市场公允价值的价格取得公司股权时，价差部分即为员工的个人所得，因此在取得股权时，员工应对实际出资额低于市场公允价值的差额，按照"工资、薪金所得"项目缴纳个人所得税。但在满足一定条件下纳税时点可以推迟至股权转让时，根据《关于完善股权激励和技术入股有关所得税政策的通知》（财税〔2016〕101号，简称"101号文"）第一条第一款的规定，"非上市公司授予本公司员工的股票期权、股权期权、限制性股票和股权奖励，符合规定条件的，经向主管税务机关备案，可实行递延纳税政策，即员工在取得股权激励时可暂不纳税，递延至转让该股权时纳税；股权转让时，按照股权转让收入减除股权取得成本以及合理税费后的差额，适用'财产转让所得'项目，按照20%的税率计算缴纳个人所得税"。

因此，在决定对员工进行股权激励时，还需考虑员工获得股权激励的税收负担问题，避免因当期纳税现金流不足导致税务合规风险。

3. 融资影响因素

在投融资实践中，投资人通常倾向于公司在投资前预留好员工激励股权，预留好激励股权池，这样在投资人入股后，其所持股权不会因股权激励被摊薄或稀释。若未在投资人入股前预留员工激励股权池，投资人则通常会要求激励股权来源于创始人转让的老股，这样则会稀释创始人持有的公司股权。此外，考虑到财务和税务的影响，融资估值可能会作为公允价值的定价参考依据，在投资人投资前实施员工股权激励，会降低对企业的财务影响和税务影响，这也是投资人期望的。

（三）规划与投资人的股权分配

公司发展离不开外部投资人的资金支持，一家公司上市前往往需要经历数轮融资。如果公司未提前规划与投资人的股权分配，在早期融资中给到投资人太多股权，将导致创始人的股权被快速稀释，很容易导致创始人失去对公司的控制权。

根据各公司融资情况的不同，部分公司在上市前可能会经历天使轮、A轮、B轮、C轮、D轮、Pre-IPO轮等多轮融资。视情况可能还会有种子轮、Pre-A轮、A+轮、B+轮、C+轮、D+轮等。每轮融资被稀释的股权比例为5%~20%不等。

以融资前创始人持股70%、联合创始人持股30%为例，若天使轮投资人持股比例20%，创始人持股比例稀释20%。按后续每轮稀释10%计算，则在公司第五轮融资时，创始人合计持有的股权比例将低于50%，见图2-2。

股东	天使轮		A轮		B轮		C轮		D轮		D+轮	
	认缴出资额(人民币/元)	持股比例	认缴出资额(人民币/元)	持股比例	认缴出资额(人民币/元)	持股比例	认缴出资额(人民币/元)	持股比例	认缴出资额(人民币/元)	持股比例	认缴出资额(人民币/元)	持股比例
创始人	700,000	56.0000%	700,000	50.4000%	700,000	45.3600%	700,000	40.8240%	700,000	36.7416%	700,000	33.0674%
联合创始人	300,000	24.0000%	300,000	21.6000%	300,000	19.4400%	300,000	17.4960%	300,000	15.7464%	300,000	14.1718%
天使轮投资人	250,000	20.0000%	250,000	18.0000%	250,000	16.2000%	250,000	14.5800%	250,000	13.1220%	250,000	11.8098%
A轮投资人			138,889	10.0000%	138,889	9.0000%	138,889	8.1000%	138,889	7.2900%	138,889	6.5610%
B轮投资人					154,321	10.0000%	154,321	9.0000%	154,321	8.1000%	154,321	7.2900%
C轮投资人							171,468	10.0000%	171,468	9.0000%	171,468	8.1000%
D轮投资人									190,520	10.0000%	190,520	9.0000%
											211,689	10.0000%
合计	1,250,000	100.0000%	1,388,889	100.0000%	1,543,210	100.0000%	1,714,678	100.0000%	1,905,198	100.0000%	2,116,887	100.0000%

图2-2 多轮融资后股权稀释情况图

每个公司的持股情况不同，融资节奏、金额也有所不同创始人需要合理规划与投资人的股权分配，避免创始人过早地失去控股地位，从而更好地实现对公司的控制，并在后续融资中掌握主动权。

二、创始人股权已稀释时的制度设计

创始人拥有绝对控股比例对于掌握公司控制权而言是理想状态，然而很多公司在早期未能科学合理地规划公司股权和创始人控制权，创始人的股权比例已被过多的稀释。这种情况下，创始人可以考虑通过多种制度设计，包括特别表决权、签署一致行动协议和表决权委托协议、设置股东会一票否决权、控制董事会等制度来扩大其在董事会和股东会的表决权。

（一）特别表决权

《公司法》第四十二条规定，"股东会会议由股东按照出资比例行使表决权；但是，公司章程另有规定的除外"。这是对有限责任公司的规定，若无特殊安排或约定，有限责任公司股东之权利具有"同股同权"的属性。《公司法》第一百零三条第一款规定，"股东出席股东大会会议，所持每一股份有一表决权。但是，公司持有的本公司股份没有表决权"。这是对股份有限公司的规定，与有限责任公司不同，股份有限公司的表决权只能按照一股一权分配，不允许章程或全体股东作出特别规定或约定。

根据上述规定，有限责任公司可以通过章程约定对股东表决权作出关于特别表决权的安排，用于强化创始人对公司的控制权。而对于股份有限公司，现行法律在对股份有限公司同股不同权作出禁止规定的同时，《公司法》第一百三十一条又规定了"国务院可以对公司发行本法规定以外的其他种类的股份，另行作出规定"，为股份有限公司特别表决权的设立留下了敞口。2018年3月22日，根据《国务院办公厅转发〈证监会关于开展创新企业境内发行股票或存托凭证试点若干意见〉的通知》的规定，允许试点红筹企业存在投票权差异等特殊的公司治理安排。2018年9月18日，国务院出台《关于推动创新创业高质量发展打造"双创"升级版的意见》，允许科技企业实行"同股不同权"治理结构。此后，随着我国关于特别表决权立法设计的完善，目前我国在科创板和创业板均已有设置了特别表决权的公司成功上市，特别表决权制度已正式引入我国资本市场。

根据《上海证券交易所科创板股票上市规则》（2020年12月修订）（以下称《科创板上市规则》）第2.1.4条的规定，本规则所称表决权差异安排，是指发行人依照《公司法》第一百三十一条的规定，在一般规定的普通股份之外，发行拥有特别表决权的股份（以下简称特别表决权股份）。每一特别表决权股份拥有的表决权数量大于每一普通股份拥有的表决权数量，其他股东权利与普通股份相同。

在特别表决权制度下，股权分为A类股和B类股，其中A类股和B类

股的表决权倍数可以由全体股东进行约定，A 类股为特别表决权股份，B
类股为普通股份。根据《科创板上市规则》的规定，特别表决权倍数上限为
10 倍。据此，公司可以根据实际情况在 2~10 倍中设置特别表决权倍数。

　　由于我国法律的规定和限制，目前我国大多数公司未推行 AB 股制度。
但是，也有一些公司尝试使用 AB 股制度，例如港交所上市的小米公司和
科创板上市的优刻得公司。小米公司是港交所允许"同股不同权"后上市的
第一家 AB 股结构公司，小米公司股本分为 A 类股份和 B 类股份，A 类股
份持有人每股享有 10 票表决权，而 B 类股份持有人则每股享有 1 票表决
权。其中，A 类股份仅由雷军和林斌两人拥有，外部投资人拥有的为 B 类
股份，通过这样安排，雷军拥有 55.7% 的投票权，林斌拥有 30% 的投票
权，二者合计拥有 85.7% 的表决权，通过 AB 股结构，小米公司的控制权
牢牢地掌握在了创始股东雷军和林斌手里。优刻得科技股份有限公司是我
国科创板允许"同股不同权"后上市的第一家 AB 股权结构公司。优刻得公
司设立了 AB 股权结构，公司股本分为 A 类股份和 B 类股份，A 类股份持
有人每股享有 5 票表决权，而 B 类股份持有人则每股只享有 1 票表决权。
其中，公司共同控股股东、实际控制人季昕华、莫显峰、华琨三人拥有的
为 A 类股份，其他股东及投资人拥有的为 B 类股份。公司共同控股股东、
实际控制人季昕华、莫显峰、华琨合计持有公司 26.8% 的股份，但通过
AB 股权结构享有 64.7% 的表决权。

　　根据中国证监会于 2023 年 2 月 17 日发布的全面实行股票发行注册制
相关规则制度，在全面注册制下，中国境内各板块，包括主板、科创板和
创业板允许设置特别表决权的企业上市。此前仅有科创板和创业板均允许
设置特别表决权的企业上市，预计未来会有越来越多设置表决权差异的成
功上市案例。

（二）有限合伙持股平台

　　为实施员工激励股权之目的搭建员工持股平台时，创始人可以考虑设
置有限合伙企业，由创始人担任普通合伙人（GP），受激励对象担任有限合

伙人（LP）。

根据《合伙企业法》第六十七条和第六十八条的规定，有限合伙企业由普通合伙人执行合伙事务。有限合伙人不执行合伙事务，不得对外代表有限合伙企业。据此，创始人通过担任有限合伙企业的 GP，即可控制员工持股平台，进而增强对公司的控制权。

通过有限合伙企业搭建员工持股平台是公司普遍的选择，有限合伙企业作为持股平台的优势在前文已有所提及，此处不再赘述。

（三）一致行动人协议

根据《上市公司收购管理办法》第八十三条的规定，一致行动，是指投资者通过协议、其他安排，与其他投资者共同扩大其所能够支配的一个上市公司股份表决权数量的行为或者事实。据此，我们可以推断，一致行动人协议是指投资者之间签署的，目的在于扩大一方可支配表决权数量的协议。

实践中，通过签署一致行动人协议建立一致行动关系，成为公司股东增强控制权、话语权和决策权的常见操作。创始人在其持股比例不足以实现对公司的相对控制时，可以与其他股东签署一致行动人协议，约定在行使表决权、提案权时，采取一致行动共同行使公司股东权利。通过签署一致行动协议，创始人可以获得协议参与人合计持有的表决权，从而实现对公司的实际控制。

一致行动人协议作为股东之间签署的合同，针对股东在股东会和/或董事会中的表决权进行约定，在不违反《公司法》《证券法》相关规定和公司章程约定的前提下，一致行动人协议包括但不限于以下基本内容：参与一致行动的股东、相关股东持有的股权比例、一致行动的具体范围、相关股东发生分歧时的矛盾解决方式以及相关股东如何达成统一意见、一致行动的期限等。

需提醒读者的是，一致行动人协议是股东之间对各自部分权利的自由安排，协议本身不违反法律的效力性规定，因此是有效的，若部分股东违反协议做出不一致的意思表示是要承担违约责任的。同时，根据江西省高级人民法院对"张国庆、周正康与江西华电电力有限责任公司公司决议撤销纠纷"作出的再审审查与审判监督民事裁定书[（2017）赣民申 367 号]可以看出，不一致的意思表示并不能对抗协议的约定，也就是说公司可以基于一致行动人协议的约定形成公司决议，提出不同意见的一致行动人无法对抗公司的决议。因此，一致行动人在签订协议之前一定要非常慎重，要对一致行动的范围进行明确而严格的约定。

（四）表决权委托

表决权委托，是指公司部分股东通过协议约定，将其表决权委托给其他特定股东(如创始股东)行使。根据《公司法》第一百零六条的规定，股东可以委托代理人出席股东大会会议，代理人应当向公司提交股东授权委托书，并在授权范围内行使表决权。

表决权委托和一致行动既有联系又有区别，二者都是扩大股东所能支配的表决权的数量，但是不同点在于，一致行动人会在行使表决权时先进行内部的沟通和协商以达成一致意见，而在表决权委托中，受托方独立自主地作出决策，不受委托方的影响。现实中，通过表决权委托来加强创始股东控制权的例子很多，比较知名的有：京东的投资人老虎基金、高瓴资本、今日资本、腾讯将其表决权委托给创始人刘强东行使，使得刘强东在实际占有不到16%的公司股权情形下，却持有超过78%的公司投票权。

表决权委托要注意委托的期限和委托投票的范围，超期限和超范围投票都会给投票行为的效力带来不确定性。

（五）一票否决权

一票否决权包括股东会和董事会的一票否决权。拥有一票否决权的股东或董事在对某些事项投否决票时，则股东会或董事会无法在该等事项上形成有效的决议，表决事项不通过。

一票否决权可以在公司章程或股东协议中进行约定，根据《公司法》第四十三条第二款的规定，股东会会议作出修改公司章程、增加或者减少注册资本的决议，以及公司合并、分立、解散或者变更公司形式的决议，必须经代表三分之二以上表决权的股东通过。对于持股比例占三分之一以上的股东而言，在前述事项上具有天然的一票否决权。

根据《公司法》第三十七条的规定，股东会行使下列职权：……（十一）公司章程规定的其他职权。根据《公司法》第四十六条的规定，董事会行使下列职权……（十一）公司章程规定的其他职权。对于不属于法定股东会和董事会职权范围内的事项，创始人可以将它列入公司章程规定的股东会和董事会职权范围，以免因未列入股东会和董事会职权范围而无法行使一票否决权。

约定一票否决权可以通过直接约定或间接约定的形式。通过直接约定股东或董事对特定事项享有一票否决权，可以表述为特定事项的决议需征得某股东或某董事的事先书面同意；通过间接约定一票否决权的方式，往往是通过约定特定决议事项的表决比例，使股东间接获得一票否决权，例如创始人持有公司30%的股权时，约定公司增资需要经代表公司四分之三以上表决权的股东通过，则创始人将实质上拥有一票否决权。

（六）控制董事会

董事会是公司的执行机构，对内掌管公司事务，对外代表公司的经营决策。在创始人未能达到绝对控股地位，且无法取得一票否决权的情况下，可以通过董事会实现对公司的控制。

在股东会不召开会议时，公司由董事会负责运营。且随着公司融资，公司股东越来越多的情况下，召开股东会的程序会变得越来越复杂，难以召集全部股东，签署股东会决议需要牵涉众多股东。然而，董事会成员人数比股东数量少，召开程序较为简易，日常公司事务通过董事会决议通过更为高效。

董事会的组成往往包括创始人提名董事和投资方提名董事，但需要注意的是，公司无需赋予全部投资人提名董事的权利，往往只有每轮投资的领投方享有提名董事的权利，因为领投方和跟投方的利益基本是一致的，领投方提名董事即可代表本轮投资方的意见。此外，在领投方估值较低的情况下，或者领投方作为财务投资人基本不参与公司经营的情况下，公司可以考虑不给到领投方提名董事的权利。

董事会人数往往为单数，因为双数存在对半平票数，不利于通过表决形成决策。根据《公司法》的规定，董事会投票为一人一票。创始人可以通过委派超过半数以上董事的方式控制董事会，同时约定变更董事会人数和董事人选需经过持股超过一定比例的股东同意通过。该等比例可以根据创始人的持股比例相应调整，这样即可保证，未经创始人另行同意，创始人始终拥有董事会半数以上董事的委派权利。

第四节　避免因婚姻丧失控制权

根据《中华人民共和国民法典》（简称《民法典》）第一千零六十二条的规定，夫妻关系存续期间取得的"生产、经营、投资的收益，为夫妻的共同财产，归夫妻共同所有"。在没有特别约定的前提下，婚后夫妻一方以个人名义投资取得的公司股权，属于夫妻共同财产。

《最高人民法院关于适用〈中华人民共和国民法典〉婚姻家庭编的解释（一）》第七十三条规定，"人民法院审理离婚案件，涉及分割夫妻共同财产中以一方名义在有限责任公司的出资额，另一方不是该公司股东的，按以下情形分别处理：（一）夫妻双方协商一致将出资额部分或者全部转让给该股东的配偶，其他股东过半数同意，并且其他股东均明确表示放弃优先购买权的，该股东的配偶可以成为该公司股东；（二）夫妻双方就出资额转让份额和转让价格等事项协商一致后，其他股东半数以上不同意转让，但愿意以同等条件购买该出资额的，人民法院可以对转让出资所得财产进行分割。其他股东半数以上不同意转让，也不愿意以同等条件购买该出资额的，视为其同意转让，该股东的配偶可以成为该公司股东"。

因此，若创始人与其配偶离婚，且创始人所持的公司股权被认定为夫妻共同财产时，创始人可能需向其配偶转让股权，该等转让将导致创始人持股比例降低，进而可能导致公司控制权发生变更。

为避免因创始人婚姻可能导致的控制权变更，笔者在此介绍如下三种方式以降低对公司控制权的影响。

一、配偶同意函

配偶同意函在我国法律体系内没有明确规范，也不属于常见、典型的法律文件，通常是根据交易需要而创设的法律文件。配偶同意函的常见类型包括连带型配偶同意函和放弃型配偶同意函。连带型配偶同意函常见于债权债务关系中，以夫妻共同财产为标的提供连带责任保证担保或以共有的不动产为标的债务提供抵押担保；放弃型配偶同意函常见于家事法律关系中，一般以夫妻一方知悉并同意另一方的某些民商事法律行为，以及承诺放弃行使属于自己的某些权利。

在私募股权投资实践中，2010年土豆网首席执行官王微离婚纠纷催生"土豆条款"，"土豆条款"为放弃型配偶同意函的常见表述，例如，"本人为A先生的配偶，本人确认对A先生持股的×公司不享有任何权益（A先生为×公司的创始人），且保证不就公司的股权提出任何主张。本人进一步认可，A先生履行股权投资相关文件的签署及修订、终止并不需要本人另行授权或同意。作为A先生的配偶，本人承诺将无条件配合相关必要文件的签署。如因任何原因取得公司股权，同意受到交易文件的约束，遵守交易文件下的义务，且为此目的，如投资方提出要求，本人应签署格式和内容与交易文件相同的内容"。该等表述即为创始人的配偶向投资方作出的单方允诺，否认该股权属于"夫妻共同财产"。

该等放弃型配偶同意函主要包括三方面的内容：第一，对创始人所持股权的单方放弃；第二，知悉并认可融资相关交易文件的签署、履行；第三，如取得公司股权，承诺受到交易文件的约束。

虽然配偶同意函的设计初衷并不在于剥夺创始人配偶的婚内财产权利，而是为了保障公司股权结构的稳定以及创始人的控制权，但是配偶同意函实质上达到的效果导致创始人配偶放弃其自身对公司的财产权利，因此在签署配偶同意函的过程中需要注重创始人和配偶的利益平衡，例如在配偶同意函的内容和表述上合理措辞，避免过于强势和严苛，相对等地约定配偶的风险和责任免除条款等。

此外，配偶同意函在 VIE 模式①中广泛应用，往往由境内业务经营实体股东的配偶出具，承诺其对协议控制安排知晓，任何时刻均不会对境内业务经营实体的股权享有任何权益或提出主张。该函旨在确保协议控制安排不因境内业务经营实体的股东离婚而存在执行障碍。

二、财产协议

以结婚登记为节点，创始人与配偶签署的财产协议包括婚前财产协议和婚内财产协议。婚前财产协议是指男女双方在结婚登记之前就双方各自婚前、婚后所得的财产的归属所作的约定；婚内财产协议是指夫妻双方在夫妻关系存续期间约定婚姻关系存续期间所得财产、婚前财产的归属、占有、使用、处分、收益及债务清除、婚姻解除时财产的分割等事项的协议。

创始人在婚前已持有的股权通常为创始人婚前个人财产，但该等股权在婚姻存续期间的增值部分属于夫妻共同财产。创始人配偶如果要求分割婚后增值部分，可能导致创始人股权转让以补偿配偶。若创始人不想分割婚后增值部分，可以考虑在婚前与配偶签署婚前财产协议，约定该等增值部分不属于夫妻共同财产。

创始人在婚姻存续期间持有的股权，除非另有约定，一般属于夫妻共同财产。除了签署配偶同意函以外，创始人及其配偶之间可以通过签署婚内财产协议，约定若将来离婚，配偶可以获得较为公平的经济性补偿，但不包括取得公司股权。若配偶取得了公司股权，将仅拥有股权的收益权，

---

① VIE 模式是一种境内实体公司实现境外间接上市的法律架构，包含可变利益实体（Variable Interest Entity）和协议控制两个部分。新浪网络技术股份有限公司是第一家采用 VIE 协议控制模式成功实现在纳斯达克上市进行海外融资的公司。

而不包括表决权，表决权届时应委托给创始人。

三、投票权安排

就离婚后创始人配偶取得的股权，创始人可以与配偶签署一致行动协议和表决权委托协议。通过该等投票权安排，即使创始人因离婚导致持股比例降低，其表决权比例也不会受到影响。

就一致行动协议和表决权委托协议的介绍，具体可见本章"创始人股权已稀释时的制度设计"中的内容。

第五节　控制权常用法律文书

一、有限合伙协议

合伙协议(有限合伙)①

为明确有限合伙企业合伙人各自的权利义务，特此于首页所示日期签署本协议，以资遵守。本合伙协议未尽事宜，由各合伙人另行约定并遵照执行。

第一章　总　　则

第一条　根据《中华人民共和国民法通则》《中华人民共和国合伙企业法》和《中华人民共和国合伙企业登记管理办法》的有关规定，经各方友好协商一致订立本协议。

第二条　本企业为有限合伙企业，是根据本协议自愿组成的共同经营体。全体合伙人愿意遵守国家有关的法律、法规、规章，依法纳税，守法经营。

第三条　本协议中的各项条款与法律、法规、规章的强制性规定不符

---

① https：//wenku. baidu. com/view/97647a2b7c1cfad6185fa76f. html.

的，以法律、法规、规章的规定为准。

第二章　合伙企业名称和注册地址

第四条　合伙企业的名称：【　　　　　　】(有限合伙)。

第五条　合伙企业的注册地址：【　　　　　】。

第三章　合伙目的、经营范围和经营期限

第六条　合伙目的：【　　　　　】。

第七条　经营范围：【　　　　　】(以企业登记机关最终的核准登记为准)。

第八条　经营期限：本合伙企业的经营期限为【】年，自合伙企业成立之日起计算。合伙企业营业执照颁发之日为合伙企业成立之日。但根据本合伙企业经营需要，合伙企业经营期限届满的，经全体合伙人同意，本合伙企业的存续期限可以延长。

第四章　合伙人及合伙人出资方式、数额及出资期限

第九条　有限合伙人

有限合伙人以其认缴的出资额为限对合伙企业债务承担责任，不执行合伙企业事务，不得对外代表合伙企业，不得以合伙企业名义进行活动、交易和业务。

有限合伙人情况介绍：

姓名/企业名称	住所	注册号	法定代表人

第十条　普通合伙人

经全体合伙人一致同意，委托普通合伙人为合伙企业的执行事务合伙人，执行合伙企业事务，对外代表合伙企业，对合伙企业的财产进行投资、管理、运用、处置和回收，并接受有限合伙人的监督，普通合伙人对合伙企业的债务承担无限连带责任。

普通合伙人情况介绍：

姓名/企业名称	住所	注册号	法定代表人

第十一条 合伙人出资方式、数额及缴付期限如下表所示：

合伙人类型	合伙人名称	出资方式	出资数额	缴付期限	认缴比例
有限合伙人					
普通合伙人					

第十二条 出资额的缴付时间：【 】年【 】月【 】日，按认缴额的100%缴付。

第十三条 本合伙企业设立的第2个财政年度后，如第十二条约定的出资缴付条件未成就，本企业的所有合伙人将通过决议并修改本协议，减少全体合伙人认缴出资额，解除全体合伙人认缴但因缴付条件未成就而尚未实际缴付部分的出资责任。但下列出资不得减少：（1）支付本企业的管理费；（2）支付本企业的债务和责任；（3）本企业已经完成或在约定期内的交易中的投资；（4）对现有投资组合中继续投资。

第十四条 本合伙企业成立后的任何时候，如因经营所需，且全体合伙人一致同意，可以增加全体合伙人的认缴出资额。

第五章 合伙事务的执行

第十五条 全体合伙人一致同意委托【普通合伙人】为本企业执行合伙事务的合伙人。其他合伙人不执行合伙企业事务。执行事务合伙人应定期向有限合伙人报告事务执行情况以及合伙企业的经营状况和财务状况，其执行合伙事务产生的收益归合伙企业，所产生的亏损或者民事责任由合伙企业承担。

第十六条 除本协议另有规定外，在该执行事务合伙人因故不再执行事务合伙人职责时，经全体合伙人同意另行选定执行事务合伙人。

第十七条　执行事务合伙人应具备以下条件：

1. 由全体合伙人一致推举或委托；

2. 具有完全民事行为能力；

3. 无犯罪记录，无不良经营记录；

4. 在合伙企业实际工作时间不少于其全部工作时间的三分之二。

第十八条　执行事务合伙人的权限和责任如下：

1. 执行事务合伙人负责企业日常运营，对外代表合伙企业。

2. 普通合伙人不得自营或同他人合作经营与本合伙企业相竞争的业务。除非合伙协议另有约定或者经全体合伙人一致同意，普通合伙人不得同本合伙企业进行交易。合伙人不得以任何方式直接或间接地从事损害本合伙企业利益的活动。

3. 自合伙企业设立的第一个完整年度结束时起，普通合伙人于每年2月28日前应向有限合伙人提交年度报告。有限合伙人在提前5个工作日书面通知的情况下，有权亲自或委托代理人为了与其持有的有限合伙权益相关的正当事项查阅及复印合伙企业的会计账簿。

4. 执行合伙人不能以合伙企业的名义对外举债及对外担保。

5. 执行事务合伙人因故意或重大过失不按照合伙协议约定或者全体合伙人决定执行事务导致违约发生的，执行事务合伙人应对其他合伙人造成的损失进行赔偿。

第十九条　执行事务合伙人有下列情形之一的，可以决定将其除名，并推举新的执行事务合伙人：

1. 因故意或重大过失给合伙企业造成特别重大损失。

2. 执行合伙事务时严重违背合伙协议，有不正当行为。

3. 对执行事务合伙人的除名决议应当书面通知被除名人，被除名人接到除名通知之日，除名生效。

4. 被除名人对除名决议有异议的，可以自接到除名通知后，根据合伙协议约定的争议解决办法处理。

第二十条　合伙企业的筹建费用(包括但不限于与本合伙企业设立、

变更等事宜相关的登记注册相关的政府费用、代理费用及律师费用、银行托管费用等)和合伙企业营运费用(包括但不限于执行事务合伙人及合伙企业员工薪酬福利、日常行政事务费用、年检费用、财务审计费用、会议费用、开展业务的差旅、食宿、通讯费用等)由合伙企业支付。合伙企业应补偿由普通合伙人或其关联人垫付的任何该等费用。

第六章　收益、亏损和企业债务

第二十一条　全体合伙人同意按各自认缴的出资比例分配利润,若有合伙人未在规定期限内但在最晚缴付期限内缴足认缴的出资额,则按照各方实缴的出资比例分配利润。

第二十二条　全体合伙人同意按各自认缴的出资比例分担亏损。当双方协商一致变更出资比例时,亏损的分担根据届时实际的出资比例确定。所有合伙人不承担超过其出资额的亏损。

第二十三条　未经全体合伙人一致同意,合伙企业不得对外举债。合伙企业债务应以其全部合伙财产进行清偿。当合伙企业财产不足以清偿时,有限合伙人以其认缴的出资额为限对本合伙企业的债务承担责任;普通合伙人对本合伙企业的债务承担无限连带责任。

第七章　合伙企业的财产及合伙人的出资份额的转让

第二十四条　合伙人的出资、以合伙企业名义取得的收益和依法取得的其他财产,均为合伙企业的财产。

第二十五条　除非发生法律规定的情形和本协议约定的情形,且经本协议约定的程序,合伙人在本企业经营期限内,不得请求分割本企业的财产。

第二十六条　合伙人出资份额的转让

1. 合伙人向合伙人以外的人转让其在合伙企业中的全部或者部分出资份额时,须经其他合伙人书面同意。合伙人之间可以转让其在合伙企业中的全部或者部分出资份额。

2. 合伙人向合伙人以外的人转让其在合伙企业中的出资份额的,在同等条件下,其他合伙人有优先购买权。

3. 未事先经其他合伙人书面同意，合伙人不得将其在本合伙企业中的出资份额和合伙权益出质、抵押或进行任何其他形式的担保。

4. 合伙人以外的人依法受让合伙人在合伙企业中的出资份额的，经修改合伙协议即成为合伙企业的合伙人，依照本法和修改后的合伙协议享有权利，履行义务。

第八章　入伙与退伙

第二十七条　入伙

1. 新合伙人入伙时，须经全体合伙人书面同意，并依法订立书面协议。订立书面协议时，原合伙人应向新合伙人告知合伙企业的经营状况和财务状况。

2. 新入伙的合伙人与原合伙人享有同等权利，承担同等责任。新入伙的普通合伙人对入伙前的合伙企业债务承担无限连带责任；新入伙的有限合伙人对入伙前合伙企业的债务，以其认缴的出资额为限承担责任。

第二十八条　退伙

1. 有下列情形之一时，合伙人可以退伙：

(1)经全体合伙人同意退伙；

(2)发生合伙人难以继续参加合伙企业的事由；

(3)其他合伙人严重违反合伙协议约定的义务。

2. 有下列情形之一时，合伙人应当退伙：

(1)作为合伙人的自然人死亡或者被依法宣布死亡；

(2)个人丧失偿债能力；

(3)作为合伙人的法人或者其他组织依法被吊销营业执照、责令关闭、撤销，或者被宣告破产；

(4)合伙人在合伙企业中的全部财产份额被人民法院强制执行。

3. 有限合伙人退伙后，对基于其退伙前所发生的本合伙企业债务，以其退伙时从本合伙企业中取回的财产为限承担责任。

第九章　有限合伙人和普通合伙人的相互转变

第二十九条　除非另有约定，普通合伙人转变为有限合伙人，或者有限合伙人转变为普通合伙人，应当经全体合伙人一致书面同意。

第三十条　有限合伙人转变为普通合伙人的，对其作为有限合伙人期间有限合伙企业发生的债务承担无限连带责任。

第三十一条　普通合伙人转变为有限合伙人的，对其作为普通合伙人期间合伙企业发生的债务承担无限连带责任。

第十章　合伙企业解散与清算

第三十二条　解散与清算

1. 解散

本合伙企业发生了下列任何解散事由，致使合伙企业无法存续、合伙协议终止，合伙人的合伙关系消灭，自解散事由发生之日起十五(15)日内，清算人应按照适用法律解散本合伙企业。

(1)存续期限届满且全体合伙人决定不再延长；

(2)合伙人已不具备法定人数满三十(30)日；

(3)本合伙协议约定的合伙目的已经实现或者无法实现；

(4)有限合伙人一方严重违约，致使普通合伙人有理由相信本合伙企业无法继续经营；

(5)本合伙企业依法被吊销营业执照、责令关闭或者被撤销；

(6)全体合伙人一致决定解散；

(7)法律、行政法规规定的其他原因。

2. 清算

(1)企业解散时，不得从事经营活动，且应当由清算人进行清算。

(2)清算人由普通合伙人担任，除非全体合伙人届时对此事项另行约定。在确定清算人后，本合伙企业所有资产(包括已经变现和未变现的资产)由清算人负责管理。若清算人非普通合伙人，则普通合伙人有义务帮助清算人对未变现资产进行变现。

(3)清算期为一年。在一年内无法清算完毕的，由清算人决定适当延长。

3. 清算人主要职责：

（1）清理本合伙企业财产，分别编制资产负债表和财产清单；

（2）处理与清算有关的合伙企业未了结的事务；

（3）清缴所欠税款；

（4）清理债权、债务；

（5）处理合伙企业清偿债务后的剩余财产；

（6）代表企业参加诉讼或者仲裁活动；

（7）清算结束后，编制清算报告，经全体合伙人签字、盖章，在15日内向企业登记机关报送清算报告，申请办理企业注销登记。

4. 清算清偿顺序

本合伙企业清算后，合伙财产在支付清算费用后，按下列顺序进行清偿及分配：

（1）支付清算费用；

（2）支付职工工资、社会保险费用和法定补偿金；

（3）缴纳所欠税款；

（4）清偿本合伙企业债务；

（5）根据实缴出资额的比例在所有合伙人之间进行分配。

5. 本协议的条款将在清算期间继续保持完全效力，并仅在下述条件均实现时方终止：

（1）清算人已根据本协议之约定分配完毕本合伙企业的全部资产；且

（2）本合伙企业的清算人已向企业登记管理机关及备案管理机关完成了注销登记。

第十一章　保密责任

第三十三条　全体合伙人对本合伙协议的存在具有保密责任，保密期限至本合伙协议中上述投资合伙企业注册设立为止；对合伙协议内容的保密责任为长期。

第十二章　违约责任

第三十四条　合伙人违反合伙协议的，应承担相应责任、赔偿由此给其他合伙人的损失。

第十三章 其他约定

第三十五条 本合伙协议的全部事项，包括但不限于本合伙协议的效力、解释、履行以及争议的解决均受中华人民共和国法律管辖；本合伙协议下任一条款如与中华人民共和国法律中的强制性规范相抵触，应按照该中华人民共和国法律中的强制性规范执行。

第三十六条 因本合伙协议引起的及与本合伙协议有关的一切争议，首先应由相关各方之间通过友好协商解决，如相关各方不能协商解决，则应提交××仲裁委员会，按该会届时有效的仲裁规则仲裁解决。仲裁裁决是终局的，对相关各方均有约束力。

第三十七条 本合伙协议自普通合伙人及其授权代表与有限合伙人的授权代表签署并加盖公章之日起生效。

第三十八条 本协议各方签署正本一式四份，每一合伙人各持一份，其余用于政府报批登记及本合伙企业留存，各份具有同等法律效力。

（以下无正文）

二、一致行动人协议

华胜天成披露的一致行动协议条款①

根据华胜天成于2022年11月22日发布的《北京华胜天成科技股份有限公司与关联方签署〈一致行动人协议〉的公告》，一致行动人协议主要条款内容如下：

（一）双方同意按照《公司法》《民法典》等有关法律、法规以及《泰凌微电子(上海)股份有限公司章程》(以下简称《公司章程》)的规定和要求，在公司经营管理过程中对有关决策事项保持相同的决策意见。

（二）双方同意并确认，双方在行使公司股东权利时保持"一致行动"，

---

① 案例来源：http://static.cninfo.com.cn/finalpage/2022-11-22/1215166891.PDF，访问日期：2023年4月12日。

包括但不限于在行使召集权、提案权、表决权等权利时作出相同的意思表示(以下简称"一致行动")。

(三)根据《公司法》等有关法律、法规和《公司章程》需要由公司股东大会进行审议或作出决议的事项时,双方均应作出相同的投票表示。

(四)在"一致行动"期限内,任何一方拟就有关公司经营发展的重大事项向股东大会提出议案之前,或在股东大会会议中行使表决权之前,双方应先对相关议案或表决事项进行充分的协商、沟通,并根据本条约定进行决策,保持"一致行动"。

(五)若双方就相关事项未形成一致意见的,则相关事项应当按照王某某先生的意见作出"一致行动"的决定。双方应当严格按照相关决议执行。

(六)双方承诺,"一致行动"期限定义为自本协议签署之日起至泰凌微于境内外证券交易所上市之日起三年内,在此期限内,双方将保持"一致行动"关系。"一致行动"期限届满后,双方可以另行协商延期事宜。若双方对延期事宜未达成一致意见的,本协议自动终止并失效,对双方不存在任何约束力。

(七)双方均具有完全民事行为能力订立和履行本协议,本协议对双方均具有约束力。

(八)双方在本协议项下作出的各项声明、保证和承诺是根据本协议签署日存在的实施情况而作出的,均是不可撤销的。

(九)双方对因采取"一致行动"而涉及的文件资料、个人隐私、商业秘密及其可能得知的本协议其他方的商业秘密负有保密义务。

(十)本协议的解除或终止,将在"一致行动"期限届满之日自动解除或终止,若双方协商一致同意延长"一致行动"期限,则可以另行签订补充协议。

(十一)本协议未尽事宜,或双方拟对本协议相关内容进行变更的,双方应经过协商并另行签订补充协议,补充协议与本协议具有同等法律效力。补充协议与本协议冲突的,以补充协议为准。

一致行动人协议①

甲方姓名：

身份证号码：

乙方姓名：

身份证号码：

丙方姓名：

身份证号码：

丁方姓名：

身份证号码：

本协议由以上各方于＿＿＿年＿月＿日在＿＿＿＿签订。

（以下"甲方""乙方""丙方""丁方"单称"一方"，合并称"各方"）

鉴于：

1. 各方系×××公司（以下简称"公司"）的股东，其中：甲方占公司××的股权；乙方占公司××的股权；丙方占公司××的股权；丁方占公司××的股权。

2. 为保障公司持续、稳定发展，提高公司经营、决策的效率，各方拟在公司股东大会中采取"一致行动"，以共同控制公司。

3. 为明确协议各方作为一致行动人的权利和义务，根据平等互利的原则，经友好协商，特签订本协议书。

第一条　各方的权利义务

1. 在处理有关公司经营发展、根据《公司法》等有关法律法规和《公司章程》需要由公司股东会作出决议的事项及其他相关重大事项均应采取一致行动，包括但不限于按照协议双方事先确定的一致的投票意见对股东会审议的议案行使表决权，向股东会行使提案权，行使董事、监事候选人提

---

① https：//wenku. baidu. com/view/0251f1fe59fafab069dc5022aaea998fcc22408e. html？from＝search.

名权。

2. 各方应采取一致行动的事项，包括但不限于：

(1) 决定公司的经营方针和投资计划；

(2) 选举和更换董事、监事、公司经理、副经理、财务负责人，决定有关董事、监事、公司经理、副经理、财务负责人的报酬事项；

(3) 审议批准董事会的报告；

(4) 审议批准董事会或者监事的报告；

(5) 审议批准公司的年度财务预算方案、决算方案；

(6) 审议批准公司的利润分配方案和弥补亏损方案；

(7) 对公司增加或者减少注册资本作出决议；

(8) 共同投票表决制订公司增加或者减少注册资本的方案以及发行公司债券的方案；

(9) 对公司合并、分立、解散、清算或者变更公司形式作出决议；

(10) 修改公司章程；

(11) 共同投票表决决定公司内部管理机构的设置；

(12) 共同投票表决制定公司的基本管理制度；

(13) 共同行使在股东大会的其他职权。

3. 采取一致行动的方式为：

就有关公司经营发展的重大事项向股东会行使提案权和在股东会上行使表决权时采取相同的意思表示，保持充分一致。

4. 如一方拟就有关公司经营发展的重大事项向股东会提出议案时，须事先与协议其他方充分进行沟通协商，在取得一致意见后，以本协议各方名义共同向股东会提出提案。

5. 协议各方在公司召开股东会审议有关公司经营发展的重大事项前须充分沟通协商，就行使何种表决权达成一致意见，并按照该一致意见在股东会上对该等事项行使表决权。

6. 在本协议生效期限内，未经协议各方全部同意，任何一方不得将所持股份进行质押或设置其他第三方权益。

第二条　各方的声明、保证和承诺

1. 各方均已取得签署本协议书的资格和授权，有权独立履行本协议权利义务，本协议一经签署对各方具有合法、有效的约束力。

2. 各方对因采取一致性行动而涉及的文件资料、商业秘密及其可能得知的协议他方的商业秘密负有合理的保密义务。

3. 各方履行本协议不会与其承担的其他合同义务冲突，也不会违反任何法律、法规。

4. 协议各方声明：各方所作各项声明、保证和承诺是根据本协议签署日存在的实际情况作出的，合法有效，不可撤销。

第三条　一致行动的特别约定

1. 若协议各方在公司经营管理等事项上就某些问题无法达成一致时，应当按照持股多数原则作出一致行动的决定，协议各方应当严格按照该决定执行。

2. 协议任何一方如转让其所持有的公司股份时应至少提前 30 日书面通知协议其他各方，协议其他各方有优先受让权。

3. 各方承诺，如其将所持有的公司的全部或部分股权对外转让，则该等转让需以受让方同意承继本协议项下的义务并代替出让方重新签署本协议作为股权转让的生效条件之一。

第四条　违约责任

1. 由于任何一方的违约，造成本协议不能履行或不能完全履行时，由违约方承担违约责任。如出现多方违约，则根据各方过错，由各方分别承担相应的违约责任。

2. 如果任何一方违反其作出的前述承诺(任何一条)，必须按照其他守约方的要求将其全部的权利与义务转让给其他守约方中的一方、两方或多方，其他守约方也可共同要求将其全部的权利与义务转让给指定的第三方。

第五条　争议解决方式

凡因履行本协议所发生的一切争议，协议各方均应通过友好协商的方法解决；但如果该项争议在任何一方提出友好协商之后 30 日内仍未能达成一致意见的，各方应该将争议提交××仲裁委员会按其届时有效的仲裁规则裁决。

第六条 协议的变更或解除

1. 本协议自各方在协议上签字盖章之日起生效，各方在协议期限内应完全履行协议义务，非经各方协商一致并采取书面形式本协议不得随意变更。

2. 一致行动关系不得由协议的任何一方单方解除或撤销；协议所述与一致行动关系相关的所有条款均为不可撤销条款。各方协商一致，可以解除本协议。

上述变更和解除均不得损害各方在公司中的合法权益。

第七条 协议生效的期限

本协议在各方作为公司股东期间持续有效。

第八条 其 他

1. 本协议中未尽事宜或出现与本协议相关的其他事宜时，由协议各方协商解决并另行签订补充协议，补充协议与本协议具有同等法律效力。

2. 本协议一式【×】份，协议各方各执【×】份，具同等法律效力。

3. 本协议经各方签字后生效。

（以下无正文）

（《一致行动人协议》签字盖章页）

三、表决权委托协议

胜达科技披露的表决权委托协议条款①

根据胜达科技于 2022 年 11 月 10 日发布的《关于股东签署表决权委托

---

① 案例来源：http://static.cninfo.com.cn/finalpage/2022-11-10/1215071455.PDF，访问日期：2023 年 4 月 12 日。

协议的公告》，表决权委托协议主要条款内容如下：

本股东表决权委托协议("本协议")由下列各方于 2022 年 11 月 10 日在山东省潍坊市签订：

(1)委托方：辛胜芝，身份证号码为 37070419×××××××××，住所为山东省潍坊市高新区高新二路胜达街××号，下称"甲方"。

(2)受托方：杨龙，身份证号码为 37070219×××××××××，住所为山东省潍坊市高新区新城街道李家朱茂村×号楼×单元×××号，下称"乙方"。

鉴于：

截至本协议签署日，甲方直接持有潍坊胜达科技股份公司(以下简称"胜达科技"或公司)22404000 股股份，占比 50.7481%。现甲方拟将其所持有的胜达科技全部股份(以下简称"标的股份")的表决权、提名权及提案权委托乙方行使，就相关委托事宜达成如下协议。

第一条　表决权委托

1.1　甲方拟按照本协议的约定无条件及不可撤销地委托乙方作为其唯一、排他的代理人，就标的股份全权代表甲方行使表决权、提名权以及提案权，乙方同意接受前述委托。在表决权委托期限内，乙方有权依其自身意愿代为行使包括但不限于如下权利：

(1)依法请求、召集、主持、参加或者委派代理人参加股东大会；

(2)依法提出股东大会提案，提出董事和监事候选人并以标的股份参加投票选举；

(3)代表甲方对所有根据相关法律或公司章程(包括在公司章程经修改后而规定的股东表决权)需要由股东大会讨论、决议的事项行使表决权。

1.2　双方确认，上述表决权委托并不等同于其股份的转让，甲方仍拥有标的股份的所有权并就标的股份享有除表决权、提名权以及提案权之外的其他权利(如收益分配权等财产性权利)。

1.3　本协议有效期内，未经乙方书面同意，甲方不得转让或赠与其所持有的全部或部分标的股份，或者委托任何其他第三方管理其所持有的全部或部分标的股份，或者再为其所持有的全部或部分标的股份设定股权质押等任何形式的权益负担。

1.4 本协议生效后，乙方将实际上享有甲方所持公司股份对应的表决权、提名权及提案权，乙方应在本协议规定的授权范围内谨慎勤勉地依法履行委托权利；超越授权范围行使表决权给甲方造成损失的，乙方应对甲方承担相应的责任。

1.5 乙方按照其独立判断，依据乙方自身意愿行使表决权，无需甲方另行出具书面的委托书，无需甲方另行同意(无论口头或书面的形式)，甲方对乙方(包括乙方代理人)就标的股份行使投票表决权的投票事项均予以认可并同意。

1.6 本协议有效期内，如因胜达科技实施送股、资本公积金转增股本等事项而导致标的股份数增加的，上述增加部分股份对应的表决权、提名权以及提案权，也将自动无条件并不可撤销地依照本协议的约定委托至乙方行使。

1.7 本协议有效期内，如协议任何一方出现丧失民事行为能力等影响正常行使股东权力情形的，其本人(包括代理人)或其他股东资格的合法继承人仍应继续遵守本协议关于权利委托的约定。

第二条 委托期限

2.1 本协议的有效期限为自本协议签署之日起 24 个月或至双方书面协商一致终止之日止。但如果出现以下情形，经甲方书面要求，可提前终止：

(1)乙方收购甲方全部标的股权并完成股权过户；

(2)乙方出现严重违法、违规及违反公司章程规定的行为；

(3)乙方出现严重损害公司利益的行为。

除上述情形及本协议第 5.1 条约定的违约情形外，未经双方协商一致，任何一方均不得单方面解除本协议。

第三条 委托权利的行使

3.1 甲方将就公司股东大会审议的所有事项与乙方保持一致的意见，因此针对具体表决事项，甲方将不再出具具体的《授权委托书》。

3.2 甲方将为乙方行使委托权利提供充分的协助,包括在必要时(例如为满足政府部门审批、登记、备案所需报送文件之要求)及时签署相关法律文档,但是甲方有权要求对该相关法律文件所涉及的所有事项进行充分了解。

3.3 本协议有效期间,在乙方参与公司相关会议并行使表决权的情况下,甲方可以自行参加相关会议但不另外行使表决权。

3.4 本协议有效期内因任何原因导致委托权利的授予或行使无法实现,甲方双方应立即寻求与无法实现的约定最相近的替代方案,并在必要时签署补充协议修改或调整本协议条款,以确保可继续实现本协议之目的。

第四条 保证与承诺

4.1 甲方陈述、保证与承诺如下:

(1)其具有完全、独立的法律地位和法律能力签署并履行本协议,本协议及其约定内容为其真实意思表示;

(2)其在本协议签署时是胜达科技的登记股东,其对标的股份享有完整的所有权,有权委托乙方行使标的股份的表决权及提名权、提案权。

4.2 乙方陈述、保证与承诺如下:

(1)其具有完全、独立的法律地位和法律能力签署并履行本协议,本协议及其约定内容为其真实意思表示;

(2)其将按照《中华人民共和国公司法》及胜达科技公司章程行使本协议甲方委托的相关权利。

第五条 违约责任

5.1 双方同意并确认,如任何一方(以下简称"违约方")违反本协议项下所作的任何一项约定,或未履行本协议项下的任何一项义务,即构成本协议项下的违约;其利益受损的未违约方(以下简称"守约方")有权要求违约方在合理期限内纠正或采取补救措施。如违约方在合理期限内或在守约方书面通知违约方并提出纠正要求后的十日内仍未纠正或采取补救措施的,则守约方有权自行决定:(1)终止本协议,并要求违约方对其遭受的全部损失予以赔偿;或(2)要求强制执行违约方在本协议项下的义务,并要求违约方给予全部的损害赔偿。

5.2　本协议有效期内,如甲方未经乙方书面同意,向第三方转让或赠与其所持有的全部或部分标的股份,则甲方应当保证该第三方仍然遵守本协议关于权利委托的约定,否则甲方应当向乙方支付与股份转让款等额的赔偿金;若转让价格明显偏低或为无偿赠与(以公司上一会计年度经审计每股净资产为标准定价),则赔偿金数额=每股净资产价格×转让或赠与的股份数量。

第六条　法律适用及争议解决

6.1　本协议适用中国相关法律法规的管辖并依其解释。

6.2　因本协议产生,与本协议相关,或与本协议的订立、履行、解除、终止或无效相关的任何争议,若不能通过双方的友好协商得到解决,则任何一方均有权向胜达科技所在地的人民法院提起诉讼。

第七条　其他

7.1　本协议只可通过双方签署书面文件的方式修改。本协议未尽事宜,可由双方协商一致后,签署补充协议予以约定。补充协议与本协议具有同等法律效力,但相关法律法规另有规定或协议另有约定的除外。

7.2　本协议的任何条款被认定为无效或不可执行,并不导致本协议其余条款无效或不可被执行。双方应订立新的条款,以取代该无效或不可执行条款,该等替代条款的意图应最接近前述无效或不可执行条款之意图。

7.3　本协议自双方签署后生效,对双方均具有法律约束力。

7.4　本协议壹式贰份,双方各执壹份,每份具有同等法律效力。

表决权委托协议[①]

甲方(委托人):

身份证号:

[①]　https://wenku.baidu.com/view/efb66d6d854769eae009581b6bd97f192279bf96.html.

联系电话：

住址：

乙方(受托人)：

身份证号：

联系电话：

住址：

本协议签署之日，甲方、乙方均为_____公司(以下简称"公司")的股东，分别持有公司____%和____%的股权。

甲方自愿将其所持有的公司股权对应的全部表决权委托给乙方行使。为了更好地行使股东的权利，甲乙双方经友好协商，达成以下协议：

第一条　委托权利

1. 在本协议有效期内，依据公司届时有效的章程行使如下权利：

(1)代表甲方出席公司的股东(大)会会议；

(2)表决决定公司的经营方针和投资计划；

(3)代表甲方审议批准董事会的报告；

(4)指定和选举公司的董事；

(5)指定和选举公司的监事；

(6)对其他根据相关法律或公司章程需要股东会讨论、决议的事项行使表决权。

2. 本协议的签订并不影响甲方对其持有的公司股权所享有的收益权、处分权。

3. 本协议生效后，乙方将实际上合计持有公司的股权对应的表决权，乙方应在本协议规定的授权范围内谨慎勤勉地依法履行委托权利；超越授权范围行使表决权给甲方造成损失的，乙方应对甲方承担相应的责任。

第二条　委托期限

1. 本协议所述委托表决权的行使期限自本协议生效之日起至×年×月

×日止。但是如出现以下情况，经甲方书面要求，表决权委托可提前终止：

(1)乙方出现严重违法、违规及违反公司章程规定的行为；

(2)乙方出现严重损害公司利益的行为。

2.本协议经双方协商一致可解除，未经双方协商一致，任何一方均不得单方面解除本协议。本协议和法律另有约定的除外。

第三条　委托权利的行使

1.甲方将就公司股东大会会议审议的所有事项与乙方保持一致的意见，因此针对具体表决事项，甲方将不再出具具体的《授权委托书》。

2.甲方将为乙方行使委托权利提供充分的协助，包括在必要时(例如为满足政府部门审批、登记、备案所需报送之要求)及时签署相关法律文档，但是甲方有权要求对该相关法律文档所涉及的所有事项进行充分了解。

3.在乙方参与公司相关会议并行使表决权的情况下，甲方可以自行参加相关会议但不另外行使表决权。

4.本协议期限内因任何原因导致委托权利的授予或行使无法实现，甲乙双方应立即寻求与无法实现的约定最相近的替代方案，并在必要时签署补充协议修改或调整本协议条款，以确保可继续实现本协议之目的。

第四条　免责与补偿

双方确认，在任何情况下，乙方不得因受委托行使本协议项下约定的表决签名而被要求对任何第三方承担任何责任或作出任何经济上的或其他方面的补偿。但如系有证据证明的由于乙方故意或重大过失而引起的损失，则该损失应由乙方承担。

第五条　违约责任

甲、乙双方同意并确认，如甲方违反本协议约定的，应承担相应的违约责任，包括但不限于赔偿乙方及公司因此形成的损失。如乙方利用甲方委托其行使的表决权作出有损公司或甲方合法权益的决议和行为的，乙方应承担相应的法律责任。

第六条　保密义务

1. 甲、乙双方认可并确定有关本协议以及就准备或履行本协议而交换的任何口头或书面数据均被视为保密信息。一方未经另一方书面同意擅自向任何第三方披露任何保密信息的，违约方应赔偿守约方由此而受到的全部损失，并且守约方有权单方面解除本协议。

2. 本条所述保密义务不受本协议期限的约束，一直有效。

第七条　委托权转让

未经甲方事先书面同意，其不得向任何第三方转让其于本协议下的任何权利或义务。

第八条　争议解决

凡因履行本协议所发生的一切争议，协议各方均应通过友好协商的方法解决；但如果该项争议在任何一方提出友好协商之后仍30日内未能达成一致意见的，各方应该将争议提交××仲裁委员会按其届时有效的仲裁规则裁决。

第九条　生效及其他

1. 双方确认，已经仔细审阅过本协议的内容，并完全了解协议各条款的法律含义。

2. 本合同自双方签章之日起生效，一式两份，甲乙双方各执一份，具有同等的法律效力。

(《表决权委托协议》签字盖章页)

四、配偶同意函

配偶同意函

本人＿＿＿＿＿＿(身份证号码：＿＿＿＿＿＿＿＿＿＿＿＿＿＿＿)，为＿＿＿＿之合法配偶。本人在此无条件并不可撤销地同意＿＿＿＿＿＿(下称"创始人")于＿＿＿＿＿＿年＿＿＿＿月＿＿＿＿日签署下列文件(下称"交易文件")，并同意按照以下文件的规定处置创始人持有并登记在其名下的×××科技有限公司

(下称"内资公司")的股权：

（1）×××科技有限公司(下称"WFOE")、内资公司及内资公司之全体股东签署《股权质押合同》；

（2）WFOE、内资公司及内资公司之全体股东签署的《独家购买权合同》；及

（3）WFOE、创始人签署的《授权委托协议》。

本人确认本人对内资公司的股权不享有任何权益，且承诺不就内资公司的股权提出任何主张。本人进一步确认，创始人履行交易文件以及进一步修改或终止交易文件并不需要本人另行授权或同意。

本人承诺将签署一切必要的文件，并采取一切必要的行动，以确保(经不时修订的)交易文件得到适当履行。

本人同意并承诺，如本人由于任何原因获得内资公司的任何股权，则本人应受(经不时修订的)交易文件以及WFOE和内资公司之间于_____年_____月_____日签署的《独家业务合作协议》("业务合作协议")的约束，并遵守作为内资公司的股东在(经不时修订的)交易文件和业务合作协议项下的义务，且为此目的，一旦WFOE提出要求，本人应签署格式和内容基本与(经不时修订的)交易文件和业务合作协议相同的一系列书面文件。

签署：_____

_____年____月____日

第三章　股　权　融　资

第一节　股权融资概述

公司发展需要融资，融资最重要的是能够获得资源来帮助公司发展。股权融资是指投资人投入一定的资金，换取其在被投资公司的股权。

一、创始人、投资人与公司的关系

要想讲清楚本章的内容，需要先讲清楚创始人、投资人与公司三者的关系。要想讲清楚创始人、投资人与公司三者的关系，大家可以先看下面这个故事。

传说，秦始皇统一六国以后，为求长生不老，遣令徐福、李福二人带领 300 名士兵的精锐部队东渡大海，去东瀛求取仙丹。徐福、李福得令之后，立即开始分头准备。作为船长，徐福命人制作了一面大旗，上书"东瀛取宝"四个大字，并制定先经过蓬莱、方丈二岛，再绕道瀛洲岛，最后抵达东瀛仙岛的航行计划，李福则负责召集部队和储备物资。经过一段时间的准备后，300 名士兵的精锐部队加上各类生活物资、生产工具装满整整一艘巨轮。徐福、李福登船以后，按照既定航线，一直向东行驶，只用了短短一个多月，他们就抵达了蓬莱仙岛。岛民得知他们要去东瀛仙岛后大为惊诧，惶恐地跟他们说："将军此去东瀛仙岛有万里之距，海上妖孽众多、气候幻化，一不留神极有可能迷失于东海而无以回返。"徐福、李福听了岛民的话，心中顿生不安之感，经过商量，他们决定去请岛主蓬福援助。在听说徐福他们的来意和计划后，蓬福也意欲同行，愿当向导，并资助 3000 石谷粮，但同时，蓬福也提出了三个条件："第一，如寻得长生不老之药，须优先分与他；第二，不到东瀛仙岛，二位将军不允许弃船而逃，更不允许将船货和军队卖与他人；第三，如未能抵达东瀛仙岛，二位将军须还于我 6000 石谷粮，如无以偿还，则须将船上所有货物及船员交付于我。"徐福、李福二位听后沉默不语，虽深感蓬福有乘人之危、漫天要价之嫌，但考虑到双方毕竟目标一致，加上使命重大、旅途遥远、吉凶未知，还是接受了蓬福的要求，并签订了契约。

离开蓬莱岛后，满载着希望和物资的巨轮继续向东驶去。不知经历了多少个日夜，船员们实在是疲惫不堪、狼狈至极。但是，正在他们即将失去信心之时，他们又安全抵达了一座仙岛，岛上宛若仙境一般，到处是宝马雕车、舞榭歌台，远不是咸阳城能比的。登岛后，徐福他们极为兴奋，他们坚信，这就是他们要找的东瀛仙岛。可是，真实情况却让他们大失所望，这里是瀛洲岛，不是东瀛岛，此地距东瀛仙岛还有非常遥远的距离。此时此刻，看着满目疮痍的巨轮、衣衫褴褛的船员，遥望远在天边的东瀛仙岛，徐福意识到，东瀛取宝的远大理想是无法实现了。此时已到了危急存亡的关键时刻，他必须为这 300 多条生命找到一个合适的出路，于是他找来李福、蓬福商量。蓬福一看这种状况，心想此时要徐福他们补偿 6000 石谷粮也是天方夜谭，无可奈何之下，他只好提出，瀛洲岛主瀛福是他好朋友，他可以去找瀛洲岛主，尝试说服他来解救我们。于是，蓬福就去见了瀛洲岛主瀛福，并坦诚地表明了当下的境况，希望瀛福来帮助他们。当日，瀛福没有做任何表态，只是盛情招待了蓬福。经过一夜思考后，次日，瀛福提出了这样一个方案：徐福、李福可以继续留在瀛洲岛，每人封千户，奖 2000 金；蓬福获 6000 石谷粮，由瀛洲派护卫护送他返回蓬莱岛；巨轮和巨轮上所有剩余物资及 300 名士兵归瀛洲所有。蓬福得知方案后，经过简单思索，就立马同意了该方案，并将该方案告知了徐福和李福，且要求他们必须同意。徐福、李福虽然还想继续实现东瀛取宝的理想，但是，迫于现实，他们也只能接受了这个方案。

后来的故事大家都知道了，蓬福获得了 6000 石谷粮，心满意得地回到了蓬莱；徐福和李福则留在了瀛洲岛，拿了钱还当上了官，过上了幸福的日子；瀛福则通过 4000 金和 6000 石谷粮的代价获得了 300 名精锐军士及一艘巨轮，也大大充实了自己的实力。只是，秦始皇还在眼巴巴地等待着二福带着长生不老药归来，最后含恨死在了东巡的路上。

通过上面这个虚构的故事，我们可以将此与公司经营进行类比，徐福、李福作为创始人，他们创立了一家公司，名叫"东瀛取宝"，公司的使命是前往东瀛仙岛，求得不老仙药后向秦始皇复命。同时，公司有着非常不错的创始人团队和员工团队(300 名精锐军士)，还有着比较雄厚的注册资本(包括一艘巨轮和巨轮上的物资)。但是，公司的运营也面临着非常多的竞争和市场环境不确定的诸多风险。

公司运营不久，为了抵御未来的不确定性，安全地实现使命，他们引入了重要的财务投资人蓬福。蓬福的思想很简单，他压根儿就没有想过跟二福他们一辈子走下去，他想的是能优先得到一些不老仙药自己享用，或者卖个好价钱，万一没有找到仙药，得到翻倍的谷粮也是可以的。虽然有风险，但总体来说，他觉得这是一笔划算的买卖，于是就投资了 3000 石谷粮，上了同一条船。后来，大环境一直不太好，公司的运营出现了重大危机，二福没有能力补偿他双倍的谷粮。蓬福见势不妙，找到了他的好朋友大财主瀛福(战略投资人)帮忙，瀛福考虑良久，觉得一口气吞下这个大公司是个不错的选择，不仅花费很低，还能极大地充实自己的实力，非常符合自己的战略意图。于是，瀛福通过 4000 金和 6000 石谷粮买下了全部"东瀛取宝"公司。

这个故事虽然很简单，但是生动地反映了创始人和投资人以及目标公司的各种关系：

第一，从法律的本质上来讲，创始人和投资人都是目标公司的股东。只不过他们进入公司的时间有先后，但是，他们都依法依约定享受各种股东权利。

第二，从投资目的上来看，他们的初衷是不一样的。创始人投资设立公司是想实现公司的价值，是想跟公司一起走下去；而投资人，尤其是财务投资人，它从投资的第一天开始就想着将来如何退出，何时退出。

第三，从出资形式上看，创始人的出资形式多种多样，既可以是货币，也可以是实物、知识产权、土地使用权或者其他可以以货币估值且可以流转的财产，而投资人则一般情况下只能用货币进行投资。

第四，从公司经营角度来看，通常地说，创始人自始至终是要参与且主导公司的实际经营，而投资人，尤其是财务投资人，一般情况下是不会深度参与公司的经营，他们对公司的经营发挥着指导和监督的作用。

第五，从竞业禁止的角度来看，创始人是不允许离职以及经营同类和相类似业务的，而在没有特别约定的情况下，投资人是可以投资同目标公司类似或者有竞争关系的公司的。

第六，虽然创始人与投资人有诸多的不同点，但至少有一点他们是共同的，那就是他们的目标都是一致的，都希望公司发展得越来越好，公司的价值越来越大，最终实现公司的目标。正是基于目标的一致性，创始人和投资人在力促公司发展这个点上是比较容易寻得最大公约数的。作为创始人来讲，引入投资人不仅能获取公司发展的资金，还可以获得投资人的商业资源和管理经验；对于战略投资者更是如此，获得行业领先地位公司的战略投资不仅仅意味着公司资本的进一步增强，更意味着商业资源的倾斜和战略意图上的共生。

上述故事里不仅体现了创始人、投资人及目标公司的关系，其中的各种情节也深刻体现了真实的股权融资案例中投资人的一些特有权利，例如优先分红权、禁售权、领售权、估值调整权及优先清算权等。

二、股权融资与债权融资

所谓融资，是指从第三方获得资金支持的行为，包括银行贷款、股权融资、民间借贷等。

1. 银行贷款。银行贷款是一种重要的融资形式，但是，基于我国的监管政策和行业环境，它具有一个非常显著的特点，那就是风险承受能力弱。这也导致银行资金明显地倾向于资信好的主体；而一般的创业公司，尤其是科技创业公司，基本上是轻资产，他们很难通过银行贷款的形式获得资金支持。另一方面，银行的融资都属于债权融资，融资期限较短，融资成本也较高，关键是债权都有清偿要求，这对于创业公司来说无疑是一个极其沉重的压力（并不是表示股权融资没有对价）。

2. 股权融资。股权融资是另一种常见的融资形式，它指的是以公司股权为对价，通过出让部分股权来获取资金支持的行为，也有人称其为"另类融资"，与公开市场债权和股票融资相对应。

股权融资是一种权益性融资，融资标的物多是非上市公司的股权。投资人虽然以公司股权为投资对象，但并不寻求对被投资公司的控制权，而是通过投资形成的权益关系对公司提供增值服务，改善公司的业绩，将公司做大，最终通过股权出售（IPO、并购、转让）等方式来实现股权的流动性增值。股权融资形成的投票权分配关系、股权比例关系及股东的分散程度，决定一个企业控制权、监督权和价值索取权的分配结构，股权融资反映的是一种产权关系，这是其与债权融资的本质区别。当然，股权融资与债权融资还存在其他区别，具体见表3-1。

表 3-1

表现方面 融资方式	是否需要抵押	融资额度	是否影响公司控制程度	融资成本
股权融资	不需要	放大计算	一般有	股权退出时价值
债权融资	一般需要	缩小计算	否	本金+利息

3. 民间借贷。民间借贷是指自然人、法人、其他组织之间及其相互之间进行资金融通的行为。民间借贷同银行贷款一样，都属于债权融资，但相较于银行贷款，民间借贷的门槛较低、成本较高、风险更大，一般会牵涉公司的创始人个人，管理也很混乱，因此，一般情况下，我们不推荐采用此种方式为公司进行融资。

三、股权转让与增资

股权融资常通过股权转让和公司增资两种方式进行。但是，股权转让与增资有着本质的区别，严格地说，股权转让是股东个人融资或套现行为，公司并非融资方，融资资金属于股东个人而非公司；而公司增资则通过公司增加注册资本的形式来进行，增资款归属于公司而非股东个人，两者的具体区别见表3-2。

表 3-2

表现方面 股权融资	融资主体	融资对价 支付对象	注册资本	决策程序	其他股东是 否有优先权
转让	股东	股东	不变	公司法或章程 约定	有
增资	目标公司	目标公司	增加	表决权比例 2/3 以上	有

四、股权融资轮次

投资人可以为公司带来丰富资源，除了资金外，好的投资人可以为公司带来客户、人脉、品牌和经验等。通过融资，公司可以通过资本快速放大自身的商业模式，也能验证自身的项目是否可以获得资本市场的认可。资本的背书和品牌的发展，可以加速公司在赛道发展的速度。

公司股权融资轮次划分为种子轮、天使轮、A 轮、B 轮、C 轮、D 轮、

E 轮、Pre-IPO 轮等，根据实际情况，有些公司也会进行 Pre-A 轮、A+轮、B+轮、C+轮等融资。公司开展种子轮融资时，通常处于只有想法和团队、产品尚未落地的初始状态，种子轮投资人往往是创始人的亲朋好友；公司开展天使轮融资时，公司有成熟的产品上线和初步的商业规划，但商业模式并不成熟，商业模式还处于待验证阶段，是否能够实现盈利尚不可知；公司开展 A 轮融资时，公司拥有成熟的产品，完整的商业模式和盈利模式，公司现阶段可能还处于亏损状态，但是项目拥有一定口碑和地位；公司开展 B 轮融资时，公司的商业模式和盈利模式已得到很好的验证，有的产品已经开始盈利，此时公司可能需要更多的资金推出新业务、拓展新领域；公司开展 C 轮融资时，公司的项目非常成熟，已经成为行业翘楚，此时融资可以进一步拓展新业务，也可以为准备上市打下基础。D 轮、E 轮、Pre-IPO 轮都是 C 轮融资的升级版，如果公司在 B 轮融资或者 C 轮融资后已经实现盈亏平衡、收益情况良好，不一定需要之后轮次的融资。A+轮融资，通常是在公司 A 轮融资后，公司尚未形成规模，无法开展 B 轮融资，但是欠缺资金，于是寻求 A+轮融资；或者是投资人看好公司项目，但是公司业务尚未取得新的进展，与 A 轮融资相比估值变化不大，因此开展 A+轮融资。Pre-A 轮、B+轮、C+轮融资同理。

融资轮次仅从侧面反映公司发展的情况，公司处于何种阶段需视公司业务模式、财务情况等多方面综合判断。很多企业现金流充足，在上市前才引进投资人，有的企业在初创设立时便引入了投资人。融资仅是公司发展的手段，而非目的。

第二节 投资人的类型

公司在寻求融资时，会遇到不同类型的投资人，创始人需要了解各种类型的投资人的区别以及可能对公司带来的影响，以选择最合适的投资人。创始人需多了解投资人的背景，观察投资人的资金实力、资源能力、投资案例和行业口碑，寻找好的投资人。

一、早期投资人 vs 中后期投资人

根据投资项目的阶段不同，投资人分为早期投资人和后期投资人。

早期投资人是指主要投资天使轮、Pre-A 轮和 A 轮项目的投资人，而后期投资人则是主要投资 B 轮至 Pre-IPO 轮项目的投资人。

在早期项目中，公司的技术、产品、模式、市场和发展路径尚不明晰，公司没有足够的数据提供给早期投资人参考，早期投资人的投资逻辑是投人。早期投资人较为关注创始人，关注创始人的人品以及是否具有企业家格局和素养等方面。而中后期投资人投资公司时，公司的产品已经较为成熟，中后期投资人更关注公司的产品、数据、财务、增长率等方面，会关注公司的下行风险。正如 IDG 资本合伙人李骁军所说的，早期投资找亮点，后期投资找缺点。

二、个人投资人 vs 机构投资人

根据投资人组织机构的不同，投资人分为个人投资人和机构投资人。

个人投资人是指使用自有资金进行投资活动的个人，往往为自然人；机构投资人是指用自有资金或者向特定对象筹集的资金进行投资活动的法人机构，包括私募股权投资基金、上市公司、产业链上下游企业等。

个人投资人往往是在行业领域有一定地位的人，在项目验证阶段能够看懂公司项目并愿意投资，个人投资人的优势在于决策流程快，劣势是个人投资金额较小；机构投资人投资金额大，同时知名机构投资人的投资会给公司提供背书，吸引更多的投资人，但机构投资人需要进行尽职调查、走内部投决会流程，决策流程较慢，同时机构投资人会倾向于要求更多的优先性权利，包括与公司对赌等。

三、财务投资人 vs 产业投资人

根据投资目的，投资人可以分为财务投资人和产业投资人，产业投资人也被称为战略投资人。

产业投资人的投资目的是延伸、整合产业链，通过整合资源增强竞争力、开拓市场占有率，谋求可持续发展和回报。产业投资人主要是与被投企业业务相关行业的投资人，例如小米旗下基金小米产投、华为旗下基金哈勃投资等；财务投资人的投资目的是在适当的时机退出公司以取得财务回报，例如高瓴资本、红杉资本等。产业投资人组织架构主要是公司或其关联方，而财务投资人组织架构主要是私募投资基金，包括投资于相对早期项目的 VC（Venture Capital）和投资于相对后期项目的 PE（Private Equity）。

财务投资人投资公司的目的是获取投资回报，通过退出公司时股权或股票的升值获得经济性收益，因此财务投资人会格外关注与退出公司相关的优先性权利。财务投资人分为早期财务投资人和中后期财务投资人，早期财务投资人和中后期财务投资人的关注点略有不同。财务投资人侧重公司财务数据的知情权和投资人优先权利，通常会在投资交易文件中规定严格的上市时间要求，并与公司和/或创始人约定对赌条款。此外，由于早期财务投资人在公司业务刚起步时进行投资，公司业务模式尚不明朗，此时会要求将公司和创始人绑定，约定创始人股权转让限制、股权兑现、竞业限制和全职投入等条款。

相比财务投资人，产业投资人在投资公司时会重点关注与公司的后续业务合作，并且会要求公司不引入产业投资人的竞争对手作为股东，防止其竞争对手与公司进行合作。对于公司而言，产业投资人可以为公司业务发展提供产业链上的资源和管理经验，但是产业投资人与公司在业务上存在潜在的竞争关系，可能会深入介入公司业务，并与公司出现利益冲突，对此建议公司在投资交易文件谈判中应尽量限制产业投资人谋求公司业务数据方面的知情权。

前文大致介绍了投资人的类型，以便创始人对不同的投资人特点有一定的了解。在与潜在投资人接触时，创始人挑选投资人时应当重点考虑如下因素：一是投资人是否有利于公司业务发展，好的投资人可以为公司提供各种各样的资源，例如提供技术资源，协助公司实现产品落地，提供上下游的业务资源，等等，或者可以为公司提供好的战略建议、管理建议或引荐行业人才等；二是投资人是否有利于公司再融资，如果有较好的行业口碑和专业口碑的投资人背书，有利于吸引后续投资人继续投资，并且经验丰富的投资人对于企业上市有相关经验，能够帮助企业顺利上市，少走弯路；三是引入的投资人是否会增加公司管理成本，不同的投资人对于投后管理和股权处理的要求不同，例如上市公司对信息披露需要符合上市规则的要求，国有股东后续退出时需要履行较为复杂的程序，外资股东则会对公司从事特殊行业业务例如军工业务和互联网业务有所影响等。

知己知彼，方能百战不殆。如果创业者在技术、团队或市场占有率方面有一定优势，存在一定的议价权，建议创始人对投资人也进行把关。创始人在与投资人接触时，投资人在考察公司是否值得被投资时，创始人也需要了解投资人的信息，判断对方是否合适的投资人，能否为公司发展助力。事实上，如果创始人越珍惜自己的股权，对融资的事情越严肃，往往在经营层面也不会很差，这样也会使严肃的投资人更加重视对公司的投资。

第三节 私募股权投资基金

私募股权投资基金为最常见的投资人类型，有必要单独说明。

广义的私募股权投资基金是指以非公开形式募集的，对非上市公司股权进行投资的基金。这种股权投资范围涵盖了企业首次公开发行股票前的各个阶段，包括种子期、初创期、发展期、成熟期和 Pre-IPO 期等。私募股权投资通常以基金作为资金募集的载体，由专业的基金管理公司运作，如黑石集团和红杉资本等国际知名投资机构就是私募股权投资基金的管理公司，它们旗下都运营着多支私募股权投资基金。

一、私募股权投资基金的特点

1. 资金募集方式具有私募性。私募股权基金主要通过非公开方式向少数机构投资者和高净值的个人募集，其销售、赎回都是通过私下与投资者协商进行的。另外，私募股权投资基金主要投资于非公众公司的股权，很少涉及公开市场的投资，因此也无需披露交易细节。

2. 私募股权投资多是采取权益型投资方式，一般不会涉及债权投资，投资对象是具有高成长性的非上市公司。投资人因投资行为而成为目标公司的股东，进而享有目标公司的股东权利，但通常情况下，其并不以控制公司为目标。

3. 私募股权投资周期长，流动性较差，退出渠道有限。私募股权投资周期一般可达 5 至 7 年，甚至更长，属于中长期投资。股权流动性较差，退出渠道通常包括上市(IPO)、转让、并购、目标公司回购及目标公司管理层回购等。

4. 私募股权投资基金组织形式多采取有限合伙制，这种企业组织形式有很好的投资管理效率和业绩激励方式，也有利于募集资金，同时有效地规避了双重征税。

5. 完整的私募股权投资还包括投资之后对目标公司的投后管理。私募股权投资人投资后通常会在一定程度上参与公司的管理，即我们所说的投后管理，其主要形式有委派董事和财务负责人，帮助制定企业发展策略和营销计划，监控财务业绩和经营状况，协助处理企业危机事件，策划追加投资和促成合格上市，等等。对于被投企业而言，引入私募股权投资，不仅能引入资金，还可以引入投资人的资源和管理经验。

二、私募股权投资基金的分类

根据被投资企业发展阶段划分，私募股权投资基金主要可以分为创业初期的风险投资(Venture Capital)、成长资本(Development Capital)、并购资本(Buyout Capital)、夹层投资(Mezzanine Capital)、Pre-IPO 投资(Pre-IPO Capital)以及上市后私募投资(Private Investment in Public Equity, PIPE)。[1]

---

① https://wiki.mbalib.com/wiki/%E7%A7%81%E5%8B%9F%E8%82%A1%E6%9D%83.

(一)风险投资

风险投资又称创业投资,主要投资对象是科技型初创企业。此时,被投企业可能还处于概念形成或验证阶段,并没有成型的产品或服务推向市场,更不用说良好的财务数据了,投资该类型的企业具有很高的风险。因此,我们称该类基金为风险投资基金,风险投资基金虽然风险很高,但是一旦被投项目获得成功,回报率也是极其惊人的。

(二)成长资本

成长期投资针对的是已经过了初创期的企业,这类企业通常在前期已经接受了风险资本的投资,其业务模式已经得到证实,财务数据也表现出积极向好的态势,且具有良好的上升空间,投资此阶段的企业风险要远小于投资初创阶段的企业。

(三)并购资本

并购资本主要专注于并购目标企业,通过收购目标企业股权获得对目标企业的控制权,然后对其进行一定的重组改造来提升企业价值。必要的时候可能更换企业管理层,成功之后持有一定时期后再出售。并购资本中相当大的比例投资于相对成熟的企业,这类投资包括帮助新股东融资以收购某企业,帮助企业融资以扩大规模,或者是帮助企业进行资本重组以改善其营运的灵活性。

(四)夹层投资

夹层投资的目标主要是已经完成初步股权融资的企业。它具有股权投资和债权投资的双重性质,其实质是一种附条件的股权投资,投资人可根据事先约定的期限或触发条件,以事先约定的价格购买被投资公司的股权,或者将债权转换成股权。夹层投资的风险和收益低于股权投资,而高于一般的优先债权。夹层投资处于底层的股权投资和上层的优先债权之间，因而形象地称之为"夹层投资"。与并购投资不同的是，夹层投资很少寻求控股权，一般也不会长期持有股权，其更倾向于"快进快出"。例如，当企业在两轮融资之间，或者在希望上市之前的最后冲刺阶段，资金处于青黄不接的时刻，夹层投资者往往就会从天而降，带给企业最需要的现金，然后在企业进入新的发展期后全身而退。这也是它被称为"夹层"投资的另一个原因。夹层投资的操作模式风险相对较小，因此寻求的回报率也低一些，一般为18%~28%。

（五）Pre-IPO 投资

Pre-IPO 投资主要投资于企业上市前阶段，或者预期企业规模与盈利已达到可上市水平的企业，其退出方式一般为上市后从公开资本市场上出售股票，Pre-IPO 投资具有风险小、回收快的优点，但其收益比前几种投资行为要低。

三、私募股权投资基金的运作体系

私募股权基金主要有三种组织形式：有限合伙、有限公司和信托，其中有限合伙形式是主流形式，在有限合伙形式的私募股权基金运作中，主要包括以下三个层面的关系。

（一）私募股权基金的周期

如图 3-1 所示，私募股权基金通常的存续期为十年（当然，十年以内的基金也不少），在十年的周期里，私募股权基金要完成资金募集、项目投资、投后管理及退出变现四大使命。在基金成立的前两年时间（基金募集期），基金管理人的主要任务是募集资金，当然也包括寻找项目。资金募集截止后，管理人就开始正式投资项目，并对投资项目进行管理，这个周期我们称之为"项目持有期"，这个周期时间较长，有的长达七年。随着投资项目的逐渐成熟，基金进入了"项目退出期"，由于现在基金对盈利再投资控制得非常严格，这个周期一般会持续到基金的末期。

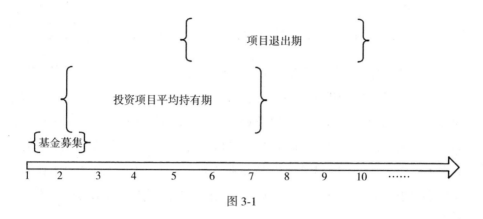

图 3-1

(二)私募股权基金的运作体系

如图 3-2 所示，私募股权基金通常以封闭的有限合伙形式存在。普通合伙人(GP)作为基金管理人，负责基金的日常管理和投资运作；有限合伙人(LP)作为基金的出资人，其仅承担出资义务。PE 投资被投资公司后，还对公司提供管理咨询等增值服务，辅助公司发展壮大，被投资公司与 LP 之间没有直接交集，这也就是我们通常所说的"盲池"。

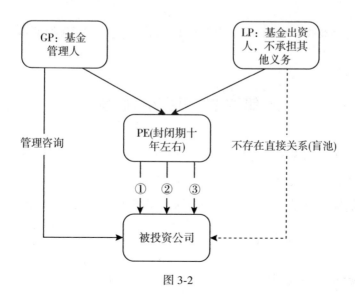

图 3-2

(三)GP、LP、PE 的信用循环

如图 3-3 所示，私募股权投资的成功与否很大程度上取决于两个层次的信任：一是 LP 对 GP 的信托信任关系，LP 不参与基金的投资运作，与被投资企业之间存在"盲池"，如果 LP 对 GP 不信任，GP 的投资工作将难以开展，也会影响 PE 的资金募集，因为 LP 不可能将自己的资金交给不信任的 GP 来打理；二是 GP 与被投资企业之间的信任，很多人将投资人比喻为"门口的野蛮人"，如果投融资双方不信任，给投资项目带来的影响不言而喻。

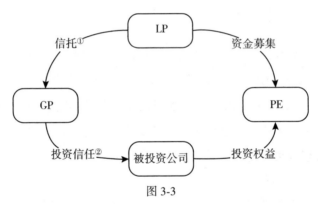

图 3-3

注：①和②的双重信任影响了基金的投资收益，从而影响了基金的募集效率。

第四节　融 资 流 程

公司能否实现融资目的，取决于融资过程的每一个流程和环节。对于公司而言，了解股权融资的全流程，厘清股权融资每个阶段应当关注的重点，能够提高公司融资效率，实现促成融资的商业目的。

一、准备商业计划书

创始人明确公司需要融资后，首先需要准备商业计划书（Business

Plan，BP）。

BP 是公司为融资目的撰写的描述公司发展、展现企业价值的文件。BP 是融资的基础，是公司融资的敲门砖。一份优质的 BP 通常需包括项目简介、市场分析、商业模式、核心资源和能力、业务规划与财务预测、融资计划等内容。

第一，项目简介。BP 首先要将需融资的项目通过精练的语言展示出来，公司将通过何种路径、提供何种产品和服务、如何解决用户需求以及企业的使命和愿景等。

第二，市场分析。公司需从行业分析和用户分析两方面分析市场，围绕行业趋势和用户需求进行分析。

第三，商业模式。公司仅有好的产品还不够，还需要实现产品变现。BP 中需体现公司通过何种途径进行变现，实现规模化盈利，实现用户为产品和服务付费。

第四，团队介绍。BP 中需要对公司团队的能力和背景进行详细的阐述，好的创始团队是公司的核心资源和能力。公司有了产品和盈利模式，投资人进一步会关心创始人是否具备将商业模式落地的能力。投资人判断项目是否值得投资，主要取决于两个因素，即人和事。公司拥有好的项目和商业模式代表公司正在做一件靠谱的事，但能否成功取决于是否有靠谱的人。

第五，业务规划与财务预测。公司可以通过定性和定量两个层面描述业务规划。定性的内容是公司在产品研发、供应链、品牌、销售及服务上的具体规划；定量的内容是公司核心的业务指标，包括对用户数量、销量的预测。根据公司的业务规划，公司还需要有一个详细的财务预测，对收入、成本、费用等进行较为精准的预估。做好财务分析有助于投资人快速了解公司财务状况，了解公司的盈利能力、运营能力和成长性，增强公司可投性。

第六，融资计划。融资计划的重点是确定公司估值、融资金额、引入投资人的持股比例、投资款使用计划。合理的融资计划有利于引导投资人对公司进行合理定价，提高融资效率。创始人对公司的估值有一个心理预期，也可以通过聘请中介机构做一些辅导和评估。同时要了解同行业其他竞争公司的估值情况。对于估值，需要着重提示的是，公司的估值不是越高越好，而是要跟公司的价值相当，过高的估值不仅无利甚至还会给公司和创始人带来巨大的法律风险：轻则会通过估值调整机制（业绩对赌）和反稀释反摊薄条款进行调整，重则可能引发回购、强制转让从而导致创始人负债或失去公司的控制权，进而触发"清算"条款，产生更为严重的后果。举个例子，甲公司在 A 轮投后估值 1 亿，投资人投资 3000 万，占股 30%。融资以后，公司发展不顺，在 B 轮融资的时候估值变成了 6000 万，假如投资人要求公司控股股东通过转让股权的形式调整估值损失，控股股东转让部分股权给投资人后，发现自己已经失去了对公司的控制权，此时就很可能又触发清算条款，公司进行强制清算，最终将归于消灭。

创始人准备好 BP 后，可以通过熟人介绍、毛遂自荐、融资顾问（Financial Agent，FA）等方式将 BP 递给投资人。

编写商业计划书的直接目的是为了寻找投资资金，其内容应真实、科学地反映项目的投资价值，可以适当展开行业发展前景，但是切忌无基础数据分析的一味夸大，同时商业计划书不是内容的堆砌，一份好的商业计划书最鲜明的特点是简明扼要、亮点突出、有理有据。另外，商业计划书也不一定要做得非常花哨、高档，但是起码的格式还是要遵守，这也能在一定程度上反映创业者对项目的感情。

撰写 BP 还有一个非常重要的问题，就是要保护商业机密。如果公司是技术创新公司，尤其是有自己硬核技术的公司一定要注意保密。BP 中简要介绍一下技术的先进性（最好援引权威数据或展示技术证书等）即可，切不要全盘托出。

二、约见投资人

投资人查阅公司的 BP 后，对公司项目感兴趣的投资人会与公司联系，双方进入初步洽谈阶段。创始人与投资人会面并沟通，其间创始人会进一步释放公司的核心数据，可能包括公司的业务模式和技术方案等。

为保护公司的商业秘密并进一步锁定与投资人的交易，公司可以与投资人签署保密协议（Non-Disclosure Agreement，NDA）。NDA 包括单方 NDA 和双方 NDA。单方 NDA 是指公司作为披露方，要求投资人作为接收方对公司提供的信息进行保密的协议；双方 NDA 是指公司和投资人互为披露方和接收方，双方对彼此提供的信息保密的协议。在投融资交易，双方 NDA 更为常见，公司往往要求投资人不得披露正在谈判的交易及交易细节；从投资人角度看，投资人也往往希望公司不得向其他潜在投资人披露其身份及交易细节，否则公司会利用此点来制造交易的气氛，哄抬价格。

在签署 NDA 时，我们建议创始人需要关注如下要点：1. 保密信息的范围，建议创始人可以将公司关心的核心信息进行罗列，例如营销推广方案、技术方案、客户信息、商业秘密等。此外，部分 NDA 中约定只有披露方明确标注为"保密信息"的内容才属于保密协议，因为在融资沟通过程中，大量口头沟通的内容难以进行标注，该等约定对披露方而言较为不利，建议公司关注保密协议中是否有该等内容，并要求删除该等条款。2. 保密信息的接收方，投资人通常会聘请外部律师、会计师等参与融资交易项目，并会向中介机构披露项目信息。建议公司在 NDA 中约定保密信息的接收方，要求投资人促使第三方中介机构承担同等的保密义务。3. 关注保密信息的处理方式，若双方最终未能达成投资意向、实现交割，则接收方应返还公司披露的保密信息，若为无法返还的电子信息则应当销毁。

三、签订投资意向书

在双方确定基本投资意向后，双方会启动投资意向书（Term Sheet，TS）签署流程。TS（term sheet of equity investment，term sheet），中文译为"投资条款清单/投资条款协议"，指的是投资人与拟被投企业就未来的投资交易所达成的原则性约定。早期投资人提供的 TS 往往较为简单、友好，甚至仅有一页纸，而中后期投资人则会更加重视 TS 条款，约定得更加细致、复杂。

TS 中的条款是未来投资交易文件的浓缩版本,公司估值、投资额、股权比例、员工股权激励、投资人优先权利基本会在 TS 中有所体现。虽然 TS 中通常会约定"本意向书旨在反映双方就对项目业务进行投资合作的主要条件所达成的共同意向,除'保密条款''适用法律''有效期''费用和税收''约束力''排他期'和'争议解决'条款外,本意向书并不具有要求双方完成本意向书项下之交易的法律约束力"的内容。但是,投资人律师起草交易文件的依据为双方签署的 TS,如果创始人无法满足却在 TS 中承诺给予投资人部分优先权利,会很大程度上增加后续交易文件谈判的难度,投资人往往会抗辩这是在 TS 谈判阶段即约定好的内容。因此,我们建议创始人谨慎对待 TS 中的所有条款。

需要特别注意的是,部分 TS 中会约定排他性条款,即要求创始人和公司在一定时间内与投资人进行独家谈判,不接触其他机构。对此,公司应格外注意排他期的约定,若该投资人的投资意向没有十分明确,建议不要给投资人较长的排他期,避免错失其他投资人的机会。另外,值得注意的是,排他性条款是 TS 中具有法律约束力的内容,如果违反排他性条款可能在一定程度上产生法律风险。

四、尽职调查

投资人对公司开展尽职调查(Due Diligence,DD),系统全面地调查公司的合规情况,而后将尽职调查结果报告给内部的投资决策委员会,由投资决策委员会决定是否继续推进投资。尽职调查包括业务、法律和财务尽调,其中业务尽调(BDD)通常由投资人业务团队或第三方机构开展,法律尽调(LDD)和财务尽调(FDD)由投资人聘请的律师事务所和会计师事务所负责。

投资人及其聘请的第三方尽调机构会向公司出具尽调清单,并进行尽调访谈。公司需根据尽调清单要求提供尽调资料,并配合进行尽调访谈。投资人及其聘请的第三方尽调机构根据公开渠道、公司提供的资料及对问题的答复出具尽调报告,并将尽调结果体现在投资交易文件中,包括要求创始人和公司就公司情况作出陈述和保证、投资人如对业绩存疑可能要求设置业绩对赌条款等。

笔者建议，公司在提供尽调资料时，需注意信息和数据的准确性，尽量提供真实完整的信息。虽然投资人及其聘请的第三方尽调机构不审核资料的真实性，但是其通过其他渠道搜集信息时，会从侧面对公司提供的信息进行验证。若发现公司提供的资料中存在虚假信息，将极大程度影响融资，甚至可能导致投资人放弃项目。

五、交易文件谈判

投资人对尽职调查满意并确定进行投资后，双方将进入正式交易文件的谈判阶段。在投融资实践中，为最大化地节省时间促进交易，投资交易文件的起草和尽职调查工作也会同步进行。主要投资交易文件包括投资协议（增资协议或股权转让协议）、股东协议和公司章程，附属投资交易文件包括股东会决议和/或董事会决议、披露函、股东名册、出资证明书、交割条件满足确认函、付款指令及根据尽调情况要求签署的其他附属交易文件。

投资协议的主要内容包括本次交易安排、投资款的缴付、公司和创始人的陈述与保证、交割先决条件、交割后承诺等。股东协议主要内容包括公司治理、投资人的特别权利等。投资协议和股东协议是最主要的交易文件，约定了投资事宜、各方的权利义务和公司治理相关内容。

由于股东协议涉及新老股东各方的利益，且各方利益并不完全一致，因此谈判时创始人需要经历与新股东、老股东多次谈判的流程。通常是创始人和新股东先谈判确定初稿，随后创始人将初步定稿版本发给老股东，老股东再提出修改意见。针对不涉及老股东利益的内容，老股东往往没有太大意见，涉及修改老股东股东权益的内容，创始人可能需要说服老股东接受修改或再次与新股东沟通修改为老股东同意的版本。创始人和新老股东在主要交易文件上经过多次谈判后最终定稿，这个过程耗时一两个月甚至三四个月都是十分常见的。

投资交易文件涉及的要点众多、文件篇幅长且复杂，且投资交易文件通常由投资人聘请的律师起草，投资人律师在条文设置上会更偏向于有利于投资人的内容，若公司稍不注意，在条文上可能会落入下风。

六、交割

在各方完成全套投资交易文件签署流程，且公司和创始人满足全部交割条件(或被投资人豁免)后，将进行投资交易的交割(Closing)。投融资实践中通常约定交割日是指投资人向公司账户支付投资款之日，但视项目情况不同，有的项目约定交割日是公司办理完工商变更登记之日。投资交易文件中确定交割日可以明确公司获得资金的时间点，以及投资人享有股东权利的时间点。

第四章 尽职调查

☞ **导读**

1. 尽职调查的分类、目的及流程
2. 股权融资交易法律尽职调查的核查要点
3. 法律尽职调查的开展方式

在创始人和投资人签署完保密协议、投资人聘请好外部顾问后，就会进入尽职调查阶段。尽职调查是签署投资交易文件前的必经环节，投资人通过尽职调查进行风险控制，是股权融资的重要环节。

第一节 尽职调查的分类、目的及流程

一、尽职调查的分类

尽职调查又称"谨慎性调查"，是指投资人在与目标公司达成初步合作意向后，经协商一致，投资人对目标公司一切与本次投资有关的事项进行现场调查、资料分析的一系列活动。

尽职调查按投资人做还是公司做，可以分为买方尽职调查和卖方尽职调查。常见的为买方尽职调查，由投资人聘请的顾问来进行调查；在公司面对的投资人众多且公司强势、投资人争相投资公司时，有的公司会选择卖方尽职调查，卖方尽职调查和买方尽职调查的程序类似，只不过按照公

司的要求和费用进行。本书所述的尽职调查主要是买方尽职调查。

尽职调查按照形式不同，还可以分为线上尽职调查和实地尽职调查。线上尽职调查主要是通过线上进行，不去公司现场尽调，主要发生在轻资产公司，例如针对互联网企业的尽职调查，因为没有工厂，可以通过线上进行；实地尽职调查则需要投资人和顾问去现场实地参观，大部分重资产公司的尽调需要通过实地尽职调查的方式进行。

按照尽职调查的内容，可以分为法律尽调、财务尽调、业务尽调。法律尽调需要涵盖企业的全方面，从公司设立及历史沿革、股东和股权、核心团队、公司资产情况、公司债权债务、重大合同、劳动人事情况、诉讼仲裁、行政处罚等进行调查，分析公司存在的法律风险；财务尽调主要分析公司过去的财务数据，发现公司真实业绩表现、评估风险，并基于历史业绩表现做盈利预测，为后续投资估值提供数据基础；业务尽调则是对目标公司的主营业务进行全面和完整的审查，主要是确定公司的商业计划是否现实或可实现，并在此基础上探讨和检查目标业务的运营职能和结构流程。

二、尽职调查的目的

尽职调查的根本原因在于投资人和需要融资的标的公司之间存在信息不对称，投资人只有通过详尽的、专业的调查才能摸清公司的实际情况，从而发现项目的价值、判明潜在的风险及对预期投资的可能影响，并为投资方案设计作准备。

尽职调查的目的有三种，包括估值及定价、确定交易架构及条款、设计后续整合方案。尽职调查目的都是通过发现、识别风险和评价、量化风险来实现的。

尽职调查的任务是发现、识别风险。从商业、财务、法律等各方面进行考察，发现识别公司存在的风险事项。从商业角度，判断公司的开发和生产方案是否合理，公司的技术是否科学有效，公司估值是否科学，等等；从财务角度，判断公司账簿是否真实完整，是否正常纳税，是否有偷漏税的嫌疑，税务架构是否合理，等等；从法律角度，判断公司股权是否清晰无争议，是否存在重大诉讼或纠纷，潜在融资交易是否存在障碍，等等。

发现和识别风险后，投资人需要对风险进行评价和量化，进而确定公司的估值。在顾问发现风险后，需要首先对风险进行定性，判断该等风险是否为"杀死"交易的核心风险，紧接着需要判断的问题就是对风险进行定量。绝大多数交易不会存在"杀死"交易的风险，对风险从高到低定量评级，是尽职调查要解决的核心问题。

尽职调查的结果往往决定了交易架构的选择、公司的定价、需要解决的问题、如何起草和谈判交易文件、交易文件的思路等。尽职调查中发现的风险事项，要么公司在投资交易文件签署前解决相关问题，要么通过调整估值、降低定价，并在交易文件中设计适当的条款来控制投资人的风险。

三、尽职调查的流程

首先，潜在投资人会组织公司内部交易团队，团队成员包括商业、技术、财务、法律人员，复杂的交易还会包括人力、公关、投资者关系等人员。然后，潜在投资人还会聘请外部顾问，协助完成尽职调查及后续交易文件谈判。

其次，潜在投资人会向公司发送尽职调查清单，公司根据清单内容配合提供相应的资料。投资人及其外部顾问通常会前往公司现场开展尽职调查，在线上和线下一并搜集尽调资料。但有的公司对保密性要求较高，要求尽调人员仅能在公司现场查看。笔者曾遇到公司仅提供纸质资料，所有资料不得影印和拍照，在尽调时间较为紧迫的情况下，对尽调工作节点的安排、向公司提出补充资料要求的协调等均提出了较高要求。根据公司提供的资料反馈情况，外部顾问可能还需制作补充尽调清单，并对公司的高管及核心人员进行访谈，初步判断公司可能存在的风险点。

最后，公司项目组和投资人外部顾问需要配合，准备尽调报告。尽职调查报告通常由主要法律问题及建议和正文部分组成。投融资项目的法律尽职调查报告一般既包括正文部分，又包括主要法律问题部分。在有的投融资和并购项目中，律师可能仅需要出具主要法律问题清单（纯文字形式或者表格形式），在这种情况下，可不用撰写法律尽职调查报告的正文部分内容。尽职调查报告是潜在投资人决定是否进行投资的重要依据之一，一份好的尽职调查报告应当主次分明、明确风险、定性定量、提出建议。

第二节　股权融资交易法律尽职调查

所谓股权融资交易法律尽职调查，可以理解为交易方在实施一定的投融资行为时，为了发现项目中所隐藏的，可能对将来交易目的或收益的实现带来法律障碍的事实或法律关系，从而对目标公司的组织结构、治理结构、关联方情况及关联交易、债权债务、重大诉讼或仲裁、对外投资、固定资产、劳动关系及知识产权等多个方面，从法律的角度进行调查、评估、分析，形成法律意见，以法律尽职调查报告的形式，为交易方揭示项目可能存在的法律风险，为其在评估项目的价值和收益可能性上提供重要的参考价值。

一、法律尽职调查原则

律师进行法律尽职调查时，需要调查公司全方面的事实情况和法律风险，涉及的内容众多，律师既需要有丰富的项目经验来识别风险并提供解决方案，又需要细心完成诸多细节、琐碎的工作；既需要法律技能，又需要对行业和公司业务的商业理解。每个公司情况不同，在进行法律尽职调查过程中遇到的法律问题也不尽相同。法律尽职调查工作不是简单的依葫芦画瓢的体力劳动，即使是资深律师，也需要对法律尽职调查的重要性和难度怀有敬畏之心，在调查过程中也需要遵循基本原则。

法律尽职调查原则包括保密原则、审慎原则、目的原则和主次原则。

（一）保密原则

保密原则无需多说，在项目开展过程中及完成后一段时间内，参与项目的各方均需对交易相对方、交易价格、争议焦点及其他交易细节保密，法律尽职调查的参与方也不例外。外部律师作为第三方，对项目过程中接触到的文件和了解到的细节均需进行保密。

(二)审慎原则

法律尽职调查的任务是发现公司存在的法律风险，外部律师通过审查公司文件识别判断风险，在这个过程中，律师需要尽到审慎义务，不仅是在出具结论上需要审慎，而且在调查过程中也要结合多方面渠道论证公司事实情况，在事实认定上也要审慎。笔者曾在尽调过程中遇到，公司提供的盖章文件中有明显修图的痕迹，该份资料是否能够作为结论的参考依据存疑，则需要通过其他多种途径包括公开渠道查找、政府部门电话咨询等方式去侧面论证。

(三)目的原则

法律尽职调查的开展需要遵循目的原则，针对客户的需求和项目的需求来有针对性地提出问题和建议。例如标的公司是互联网企业，则需要根据项目实际情况，重点核查互联网企业常见的数据合规问题、增值电信资质问题；若标的公司是重资产公司，则需要重点核查土地房产使用权等问题。此外，客户的需求不同，尽调方向也不一样。若客户仅有投资需求，则尽调在考察公司风险后，可以将部分建议放在交割后承诺，要求公司后续整改；若交易为并购交易，客户需要股权收购标的公司，则尽调中发现的问题需要创始人要么在并购交易完成前全部整改完毕，要么降低收购价格，要求创始人就后续可能在交割后发生的赔偿事项承担赔偿责任。

(四)主次原则

主次原则就是分清轻重缓急，特别是在交易时间非常紧张的情况下做好计划和时间表。进一步展开说，就是要在尽职调查过程中熟练地掌握应该看哪些方面、知道如何提问、知道如何使用尽调工具、知道问谁、知道如何检验答案、谁应当去提问等技术性问题。例如公司风险点包括存在潜在股权纠纷、公司房屋租赁未进行备案、办公地点和注册地址不一致，则尽调的重点应当放在股权纠纷上，这可能会对交易估值产生影响，而房屋租赁备案问题和办公地点、注册地址不一致的问题风险较低，且短期内容易解决，则无需将太多时间放在这些问题上。只有把握好主次，才能在有限的时间内将尽职调查工作保质保量地完成。

二、法律尽职调查的核查要点

股权融资法律尽职调查需要对公司进行全方位的调查，并分析潜在风险。根据潜在风险可能影响投资交易的重要性，尽调过程中高频出现、需要注意的核查要点如下。

(一)公司股东及股权

公司股权结构情况是确定投资交易结构的基础，做好股权情况的尽调可以降低后续发生股权争议和纠纷的风险。律师需要核查公司的实际股权结构是否与工商登记情况一致，常见的不一致情况包括公司内部已通过决策机构变更股权但尚未办理工商变更登记、已登记的股东存在股权代持。

公司股权存在代持是非常常见的风险事项，代持是企业境内上市的实质性障碍。若公司存在代持的，还需要了解公司代持的原因和背景，例如是否因为创始人尚未离职(此时可能同时存在创始人违反竞业限制的风险)、股东是高校在职员工等。律师还需要获取代持协议，进一步了解预计何时还原代持、如何还原等。

关于公司股权，需要关注是否存在质押、冻结等可能存在权属纠纷的事项，公司股权被质押、冻结时，也可能会导致工商机关无法就本次融资交易办理增资变更登记，需要事先妥善处理股权质押、冻结的情况。

关于公司股东，需要核查公司股东是否存在不得担任股东的情形，例如自然人是否为党员干部、国企职工、高校领导等，是否存在"三类股东"(即契约型私募基金、资产管理计划和信托计划)的情形等。很多高新技术企业存在高校教职工投资、兼职的情形，在尽调过程中则需重点关注高校教职工兼职、投资的合法合规性，以及发行人拥有的知识产权的归属问题，是否可能归属于高校，而非公司。

(二)公司历史沿革

公司历史上注册资本缴纳形式是否符合法律规定，股东出资是否真实，是否涉嫌抽逃出资等，也是需要核查的重点。如果股东通过非货币形式出资，需要重点关注是否履行评估手续、非货币形式资产是否转移至公司名下。公司创始人往往是平价出资且经常存在未完全实缴的情形，投资人通常要求创始人完成实缴以判断其创业的投入程度。投资人往往是溢价出资，若前轮投资人出资没有到位，需要了解背后原因，投资人未按约定出资可能会有较为重要的原因，是公司背后潜在问题的线索。

公司历史上存在股权转让的，特别是创始人买卖老股的情况，需要注意股权转让的背景原因，是否签署了转让协议，是否存在阴阳合同，是否有股东会决议及其他股东放弃优先购买权的确认函、转让对价的支付情况、转让股权对价定价依据、转让股权所对应的实缴义务完成情况，股权转让是否办理了工商变更登记，是否履行完税手续。在核实转让对价支付情况时，资金的来龙去脉和背景可能会涉及重要的商业信息，往往也是公司不愿意披露的地方。

公司存在以资本公积、盈余公积、未分配利润等转增股本情况的，需要核查自然人股东是否缴纳个人所得税。公司存在减资、合并、分立等程序的，需要核查是否履行通知债权人、在报纸上刊登公告等程序。

(三)员工股权激励

员工股权激励情况也是法律尽调核查的重点。律师需要首先确认公司是否已设立员工持股平台，员工持股平台是否已持有公司股权，员工持股平台上的LP是真实持有还是代持。如果是真实持有的，需要核查是否已颁布股权激励计划并签署书面授予协议，授予协议是否符合行业惯例，激励股权已授予及行权的详细情况，包括授予对象、发放比例、行权比例、价格等。如果激励对象为非公司员工，需要了解背后的原因。

若公司没有设立员工持股平台的，需要核查是否已预留激励股权，以及预留的比例。如果未预留的，需要确认投资交割前是否需要增发新股或者转让老股以预留员工股权激励额度。

(四)创始人和关键员工

对于初创企业而言，投资人主要是投人，因此对创始人和关键员工的尽调也是重点。

需要重点关注创始人体外持股或任职的情况，若存在该等情形的，可能存在同业竞争、关联交易、创始人未全职投入等问题。律师需首先核查创始人是否有体外公司，体外公司是否实际开展运营，实际开展运营的业务是否与目标公司有关联性或竞争关系，体外持股或任职的原因，对创始人时间的占用情况等。此外，还需要关注创始人或其亲属名下是否有商标、域名、软件著作权等知识产权，未来是否计划将名下资产转给目标公司。笔者在对一家智能硬件产品公司进行尽调时，发现创始人将与智能硬件产品相关的专利登记在其母亲名下，理由是该等专利是创始人在原单位离职后一年内申请的专利，为了避免该专利被认定为职务发明专利，从而登记在其母亲名下，虽然该等方式规避了法律规定，但实际上仍存在被法院从相关人员的研发能力和主观意图出发判断实际发明人，进而认定为职务发明的可能。

此外，还需要核查创始人和关键员工的简历，确认是否已从前一家单位离职，是否仍负有竞业限制义务和保密义务，是否可能侵犯前雇主的商业秘密和知识产权。

对于关键员工，需要核查员工是否全职入职公司，关注员工的劳动合同、保密协议和竞业限制协议的签署情况和社保缴纳情况，从而分析全职投入情况和工作成果的知识产权归属问题。同时，若关键员工为兼职，需要核查兼职员工与公司之间的劳务合同，是否对兼职期间的技术成果归属进行约定,兼职员工的全职工作单位的性质(是否为党政机关或事业单位)。笔者曾经做过的项目中就有创始人和关键技术人员为高校老师的情形,就该等情况需要判断兼职行为是否符合法律法规、是否符合高校内部关于教师兼职的规定并获得审批或备案等。

有的投资人还会对实际控制人、创始人做背景调查,核查是否有大额对外负债、担保、未决诉讼,关注实际控制人和创始人的征信报告和婚姻状况,涉及高新技术领域的创业项目,也需要关注实际控制人和创始人的学历学位情况。

(五)主营业务及资质证照

根据公司的主营业务情况,需要核查公司是否具有经营业务所需的全部资质、许可,既要考虑现在业务需要的资质证照,也要考虑未来开展业务所需的资质,并且关注资质证照是否有外资限制,从而考虑是否需调整公司的股权结构。若公司是互联网企业,需要根据业务经营情况判断是否需要取得 ICP 证书或 EDI 证书。不同业务领域有不同的法律合规要求,比如广告、个人信息保护、数据合规、反垄断等,需要根据行业情况做具体的专项研究。公司业务资质证照可通过法律法规、主管部门咨询、竞争对手的资质情况、行业内商业实践等渠道查询。

(六)重要资产所有权

不同类型的公司,其重要资产往往不同,例如高科技企业的主要资产为知识产权,传统制造业企业的主要资产为厂房、设备。律师需要核查重要资产的权属情况、权利负担,是否良好存续及运行,是否有潜在纠纷。

若公司为拥有土地工厂的重资产公司,则要落实土地、房产的所有权。如果公司以出让方式取得土地所有权的,需要核查出让合同、国有土地使用权证/不动产权证书、缴纳土地出让金的缴款证明文件、履行"招拍挂"程序的证明文件。若公司以受让方式取得的,还需要核查流转环节涉及的所有文件,避免存在瑕疵。对于公司名下的工厂,需要核查所有在建的或竣工的建设项目文件，弄清楚是否已取得建设项目批准文件、建设用地规划许可证、建设工程规划许可证、建筑工程施工许可证、竣工验收资料等建设批文，避免存在"未批先建""未竣工即投入使用"等问题。

对于公司拥有的知识产权，需要核查是否存在共有权人，是否存在合作开发协议，知识产权归属及权利义务的约定是否清晰，是否含有行使权利的相关限制性约定；知识产权保护期限是否届满，是否按期缴纳年费；知识产权取得方式是否合法，是否存在权利限制；公司拥有的知识产权是否存在潜在纠纷或争议。

（七）重要合同

尽调过程中，律师无法对公司所有合同进行审阅，只能抽取部分重要合同审阅。对于公司重要的业务合同，例如与前十大客户、前十大供应商签署的合同，需要进行仔细的核查，判断合同中的权利义务条款是否符合市场惯例。重要合同还包括借款合同、担保合同、与核心员工签署的聘用协议、与政府部门签署的可能会限制公司融资的合同等，均需要进行查证，避免存在潜在的经济和法律风险。

律师在尽调过程中需要关注是否存在关联交易及关联交易的比例，合同中是否有排他性的合作或授权的条例，某一供应商或客户的份额是否过高而导致上下游过于集中、存在依赖情形，业务模式及该业务模式中的风险点，以及合同中对知识产权条款的相关约定。

笔者曾经历的一家芯片公司项目中，就在公司与其供应商的合同中发现，公司芯片设计依赖国外某家 IP 核供应商的授权，虽然芯片企业高度依赖 IP 核供应商属于行业普遍现象，且公司已与该供应商建立了长期稳定的合作，但考虑到国际形势因素，公司对该供应商的 IP 核授权有重大业务依赖，存在一定的风险，如果授权期满后，公司无法继续获得该供应商的授权将对公司的经营产生重大不利影响。

（八）融资交易存在的政府审批流程

对于本次投融资交易，需要弄清楚是否存在政府审批流程，因为政府审批流程一般耗时较久，对于节奏较快的融资而言，可能会导致融资时间表发生变化，需要提前规划政府审批手续所需的时间。例如拟投资的公司为国有控股企业，国有控股企业的增资需要履行相关的国资监管手续，包括国资监管机构审批、审计、国有资产评估及备案、进场公告交易等，耗时较久。

(九)同业竞争与关联交易

除了对公司本身进行尽调外，还需要核查控股股东、实际控制人、董事、监事、高级管理人员、持有5%以上股份的股东直接或间接控制的其他企业，判断是否存在与公司从事相同或近似业务的情况，是否存在同业竞争，若有则需要对同业竞争情形进行合理解释，并应了解相关人员为避免同业竞争采取的措施及相关的承诺。

《公司法》规定，公司的控股股东、实际控制人、董事、监事、高级管理人员不得利用其关联关系损害公司利益。如果违反前款规定，给公司造成损失的，应当承担赔偿责任。关联交易核查时，律师需要首先核查公司关联方，在核查关联方时，不单纯考虑持股关系，还需要从双方人员重叠的角度考虑。如果两个公司中一个公司的董事长、总经理，或者半数以上的董事，在另一个公司担任董事、监事、高管的，这两家公司也构成关联方关系。然后核查确认是否存在关联交易，关联交易的具体形式多种多样，包括购买或者出售资产，对外投资(含委托理财、委托贷款等)，提供财务资助，提供担保，租入或者租出资产，委托或者受托管理资产和业务，赠与或者受赠资产，债权、债务重组，签订许可使用协议，转让或者受让研究与开发项目，购买原材料、燃料、动力，销售产品、商品；提供或者接受劳务，委托或者受托销售，与关联人财务公司存贷款，与关联人共同投资，其他通过约定可能引致资源或者义务转移的事项等。

若公司有关联交易，则需要进一步判断关联交易的必要性和公允性，核查关联交易是否履行相关的内部决策程序。关联交易价格公允要求有合理的定价依据，不因关联交易导致利益转移，定价依据主要参考国家定价、可比市场价格(例如大宗商品价格、资产评估价格等)、推定价格(如产品的生产成本加上合理的利润)。关联交易的程序合法要求根据关联交易事项的性质,将相关关联交易事项提交给公司的总经理、董事会或股东会审议通过,审议关联交易事项时,关联董事、关联股东等应履行适当的回避程序。

规范的关联交易是允许的,但应尽量减少关联交易,制订有针对性的减少关联交易的方案。

(十)劳动及雇员

在进行劳动人事方面的尽调时,律师会首先要求公司提供员工花名册,其中注明员工姓名、年龄、性别、岗位、入职日期、劳动合同到期日等信息,从而大致了解公司的用工情况。

律师会核查劳动合同签订情况,公司是否与所有员工签订书面劳动合同,是否与退休返聘人员签订了聘用/劳务合同,是否与符合条件的员工签订了无固定期限劳动合同;是否存在劳务派遣、劳务分包、非全日制用工等用工方式,如存在,核查其实际情况是否合法合规。

根据前述用工情况,律师会核查公司保险和社会福利的缴纳情况,公司是否按时足额为员工缴纳社保及住房公积金,社保险种、社保及公积金缴费基数及比例是否符合当地规定,是否存在委托其他单位为公司员工缴纳的情形,是否存在部分员工未缴纳社保的情形。

有无劳动争议、是否受到劳动行政部门处罚,也是需要核查的内容。

(十一)财务与税务

财务与税务主要由财务尽调团队负责,但法律尽调团队亦会从法律角度进行调查,投资人会将财务和法律尽调团队就该部分的结论进行交叉印证。

律师主要是核查财务报表,看是否有异常的或大额的财务数据,核查公司是否有大额负债和担保。公司是否存在金融贷款,对于贷款需要关注借款金额、利息、还款期限、担保情况，公司是否已实际偿还，关注贷款方的权利条款，是否有借款方分红、融资或股权质押是否需向贷款方通知或取得贷款方同意，以及贷款方是否有认股权。

律师需要核查公司是否存在内外账的情况，内外账可能涉及税务不合规、公司账面存在非真实的交易或虚假借贷记录等问题，还需要核查公司与关联方的资金往来情况，明确资金往来的性质，同时核查企业纳税的基本状态。

(十二)环境保护

若公司属于高污染行业的，需要关注公司生产经营中产生污染物的种类及实际排放量，公司是否取得排污许可证，公司环保设施运营情况，环保投入、环保费用支出与排污量是否匹配，是否安全处置固体废物和具有腐蚀、爆炸等危害性的废弃物等，公司生产经营是否符合国家和地方环保要求，是否取得危险化学品经营、运输、存储资质，现有资质是否满足经营范围的要求。

公司建设项目是否办理了环境影响评价手续，是否取得环保部门批准，是否办理建设项目环保竣工验收，环保设施是否实际投入使用。

(十三)诉讼与行政处罚

诉讼和行政处罚通常可以通过公开渠道查询，律师需要自行独立核查，但需要注意的是，除了公司自身的诉讼和行政处罚外，还需要查询实控人、公司股东、核心团队的诉讼情况，进而确认诉讼是否对公司资产、股权、资质等具有潜在不利影响，公司管理上是否存在合规缺陷。

对于公司正在进行中的诉讼、仲裁和尚未履行完毕的行政处罚，律师要大致核算公司需要承担的金额，判断是否会影响公司经营。对于公司已完结的诉讼、仲裁和行政处罚，则需要关注相关金额是否已结清，是否已履行完毕整改措施。

以上为投融资项目中需要普遍关注的事项，但不同的项目，各自关注的重点也略有不同。在全面调查的基础上，重点围绕公司业务开展相关的调查，例如股东为高校教授的，则重点关注教职员工校外兼职及对外投资的限制性规定；公司为重工业的，则重点关注建设项目是否拥有完整的建设批文；公司为互联网企业的，则重点关注运营所需的 ICP 证、EDI 证、网络文化经营许可证、信息网络传播视听节目许可证、广播电视节目制作经营许可证等资质证照。

三、法律尽职调查的开展方式

律师开展法律尽调主要需要通过如下四个途径开展。

1. 公开查询。通过网络公开搜索，可以掌握企业较多的公开信息。例如在国家企业信用信息公示系统或者第三方查询平台查询公司主体资格及基本信息；在信用中国、中国人民银行征信中心查询企业或个人信用信息；在中国裁判文书网、中国执行信息公开网、全国失信被执行人公示系统、人民法院诉讼资产网和第三方诉讼查询网址查询诉讼信息；在中国商标局商标查询系统查询商标信息；在国家知识产权局中国及多国专利审查信息查询界面查询专利信息；在工业和信息化部政务服务平台 ICP/IP 地址/域名信息备案管理系统查询 ICP 备案、域名信息；在各省市地方主管部门网站查询行政处罚信息。

此处仅列举部分公开查询网站，在通过公开查询方式进行尽调时，可以广泛检索，但同时应注意公开查询信息仅用于参考，因为公开信息存在没有及时更新的可能性，公开查询结果应与公司提供的资料相互印证。

2. 主管部门查询。除了在网上公开查询，部分资料还需要去相关主管部门查询，例如在市场监督管理部门调取企业内档，在各地的不动产交易中心、国土规划局、城建档案馆调取产调信息及各类土地、房产资料等。

3. 公司提供。公司提供的资料是律师获取法律尽调资料的最主要来源，包括公司的股权架构、出资信息、议事规则、投融资文件、历次决议文件、产品介绍、业务合同、资产情况、财务报表、劳动人事情况等。

4. 访谈和现场考察。律师通过在公司现场对公司控股股东、实际控制人进行访谈，必要时也需要对公司生产、采购、销售、品控、财务、人事部门负责人和重要员工一并访谈。在访谈时也可以通过电话会议系统，使无法亲历现场的其他项目组成员参与访谈。此外，律师还需要通过参观公司办公室、厂房、仓库等方式了解公司生产模式和经营模式，并从现场考察情况了解可能存在的法律风险。

除了以上必备的法律知识和专业技能外，法律尽职调查需要律师建立商业思维，尽调报告不是简单的资料堆砌，而是为商业决策作出判断的有效依据。律师只有了解公司及公司所在行业的业务，了解其业务模式、盈利模式和核心盈利要素，了解其上下游产业链条和上下游合作模式，才能抓住法律尽职的重点，分清主次。

作为法律人士，在尽职调查过程以及投融资法律服务过程中，也可以适当跳出法律专业，为业务层面的意见提供参考信息，供业务团队参考。投融资律师相比于诉讼律师而言，更重要的是服务好商业运行的流程，为客户商业决策提供意见。

最后，律师尽调过程中会与目标公司及其高管有大量接触，在接触过程中需要初步了解目标公司团队成员的性格和风险，并建立相互信任，处理好与人之间的关系。

第三节　尽职调查常用法律文书

一、独立核查清单

No.	核查项目/内容	是否已核查	核查结果
目标公司			
1	工商登记/备案情况		
2	公司的资质证书情况		
3	公司的专利情况		

续表

No.	核查项目/内容	是否已核查	核查结果
4	公司的商标情况		
5	公司的域名情况		
6	公司的软件著作权情况		
7	是否有与公司商号相同的其他公司?		
8	是否被列入了失信被执行人名单?		
9	是否涉及重大税收违法案件?		
10	是否曾被行业主管部门行政处罚过?		
11	是否有与公司相关的裁判文书?		
12	是否有与公司相关的法院公告?		
13	是否有与公司相关的拍卖公告?		
14	是否有与公司相关的负面新闻报道?		
15	是否有同行业已上市或挂牌公司?		
目标公司的实际控制人、控股股东、创始团队和董监高			
16	实际控制人、控股股东、创始团队、董监高名单		
17	名下是否有任何知识产权?		
18	是否有在其他公司持股或任职?		
19	是否被列入了失信被执行人名单?		
20	是否存在证券市场失信记录?		
21	基金类型的股东是否已在中基协备案?		
22	是否涉及重大税收违法案件?		
23	是否有与其相关的裁判文书?		
24	是否有与其相关的法院公告?		
25	是否有与其相关的拍卖公告?		
26	是否有与其相关的负面新闻报道?		

二、简易版尽职调查清单

1. 主体资格与历史沿革

(1)目标公司最新的营业执照。

(2)目标公司最新的公司章程。

(3)目标公司自工商行政管理部门打印的全套工商档案资料。

(4)目标公司最新的由中国人民银行出具的企业征信报告。

2. 股东及其出资和股权

(1)前轮融资全套交易文件。

(2)前轮投资款到账证明文件。

(3)员工持股平台最新的营业执照、合伙协议,以及自工商行政管理部门打印的全套工商档案资料。

(4)创始人持股平台最新的营业执照、公司章程,以及自工商行政管理部门打印的全套工商档案资料

(5)创始人签署的一致行动协议。

(6)员工股权激励方案,以及与受激励员工签署的授予协议、激励协议。

3. 业务/产品、经营资质与重大合同

(1)目标公司就其目前所从事业务已经取得的所有资质证书,以及目标公司拟申请或正在申请中的资质证书。

(2)目标公司 App 最新的用户协议/服务协议,隐私协议/隐私政策。

(3)目标公司重大业务合同清单。

(4)目标公司与前十大客户、前十大供应商、前十大经销商/渠道商签订的合同。

(5)目标公司与第三方电商平台之间的用户协议、平台入驻协议、推广/营销合同等。

（6）目标公司与第三方支付机构之间的合作协议/服务协议。

（7）目标公司与物流服务提供商之间的委托合同、合作合同。

（8）目标公司与战略合作伙伴签订的合同。

（9）涉及知识产权的购买、出售、转让、许可、授权、委托开发、技术合作合同。

（10）目标公司尚未偿还、结清或执行完毕的借贷款合同（包括银行授信合同）。

（11）目标公司对外提供抵押、质押、保证或任何其他形式担保的文件/合同。

（12）涉及第三人对目标公司作出的抵押、质押、保证或任何其他形式担保的文件/合同。

（13）关联交易合同（包括但不限于关联销售、关联采购、关联担保、关联租赁、关联资金拆借等）。

（14）目标公司与政府部门签订的合同或其他形式的书面约定。

4. 知识产权与重大资产

（1）创始人、股东、董监高、员工以及其他主体拥有的与目标公司业务/产品相关的知识产权清单及权属证明文件。

（2）目标公司拥有、使用的著作权清单及权属证明文件。

（3）目标公司拥有、使用的域名清单及权属证明文件。

（4）与目标公司正在申请的商标清单及相关文件，包括但不限于商标注册代理机构的近似查询报告等。

（5）目标公司承租的房屋清单，以及与该等承租房屋相关的文件，包括但不限于：①房屋租赁合同；②房屋租赁登记备案凭证；③如果存在转租情况，请提供房屋原始权利人同意转租的文件。

5. 财务、税务与债权债务

（1）目标公司自成立之日起至今经审计之年度财务报表及至今未经审

计的月度、季度及半年度财务报表(财务报表包括资产负债表、损益表、现金流量表)。

(2)目标公司应收账款清单以及其他应收款清单。

(3)目标公司应付账款清单以及其他应付款清单。

(4)目标公司尚未清偿的贷款清单。

(5)目标公司营业外收支明细。

(6)目标公司为其他单位或个人提供的担保清单。

(7)目标公司适用/执行的税种和税率。

(8)目标公司的税务申报表、支付凭证和完税证明。

6. 劳动与社保和公积金

(1)最近一期的员工花名册。

(2)劳动合同、保密协议、竞业限制协议、知识产权归属协议的模板。

(3)目标公司高级管理人员和核心技术人员名单、职位、简历及对外投资、任职兼职情况。

(4)目标公司与创始人、高级管理人员、核心技术人员和受激励员工签署的劳动合同、保密协议、不竞争协议、知识产权归属协议的签署版本复印件;若存在未签署的情况,请告知并说明原因、未来签署安排。

(5)请介绍目标公司的社会保险和公积金缴纳情况,包括但不限于:

①参保人数;如存在未参保人员,请说明未参保人数、未参保原因及解决措施;

②参保基数,并确认是否按照员工的全部实际工资为其缴纳社保和住房公积金;

③是否存在欠缴社会保险金和住房公积金的情况。

7. 诉讼、仲裁与行政处罚

(1)请确认目标公司是否涉及任何已结案或正在进行的诉讼、仲裁或纠纷。

（2）请确认目标公司创始人、股东、董监高和核心人员是否涉及正在进行的诉讼、仲裁或纠纷。

（3）请确认目标公司是否受到过任何行政处罚（包括但不限于劳动、税务、环保、土地、工商、质量、海关、物价等政府管理部门的行政处罚，不论金额大小）。

8. 其他文件

目标公司认为可能会对投资人的此次投资产生影响的其他文件。

三、详尽版尽职调查清单

序号	所 需 材 料
1	目标公司的基本情况
1.1	境内目标公司的最新证照文件
	营业执照（正本和副本） 最新公司章程 最新的由中国人民银行出具的企业征信报告 目标公司在政府有关主管部门的所有登记和证明文件，包括但不限于工商、税务、劳动、商务、外汇、海关等
1.2	境外目标公司的最新证照文件
	境外目标公司注册证明，包括但不限于 Certificate of Incorporation，Certificate of Qualification 和 Business Registration Certificate 等 最新组织大纲以及章程，包括但不限于 Memorandum and Articles of Association 和 Bylaws 等 股东名册（Register of Members） 董事名册（Register of Directors） 境外目标公司境内居民个人股东的外管 37 号文登记文件 境外目标公司境内居民企业股东的境外投资（ODI）登记文件（包括商委、发改委及外汇部门出具的文件） 股东会议、董事会议的决议、会议纪要

续表

序号	所 需 材 料
1.3	目标公司的历史沿革
	自工商行政管理部门打印的全套工商档案资料
2	内部组织架构与法人治理
2.1	目标公司的内部组织架构
	最新的内部组织结构图及其职能(含目标公司内部组织结构、部门设置、分支结构图并说明各业务部门的设置及职责)
2.2	目标公司的法人治理
	现任董事、监事及高级管理人员(以下合称"董监高")名单和简历 现任董监高对外投资和任职兼职情况的书面说明 最近三年董监高任职变化情况的书面说明 现时有效的股东会议事规则、董事会议事规则、监事会议事规则(如有) 历次股东会、董事会、监事会会议记录/议案/决议等(包括但不限于历次增资决议、减资决议、转股决议、分红决议、公积金转增资本决议等)
3	股东及其出资和股权
3.1	股东出资证明文件
	股东实缴出资证明文件,包括但不限于验资报告、银行进账单、银行对账单、股东出资证明书等 如果任何股东对公司以实物、知识产权、土地使用权等非货币资产出资,有关该等非货币资产的资产评估报告 如果目标公司曾经接受过国有资产占有单位的非现金出资,除提供该次出资的资产评估报告外,还请提供国有资产管理部门的立项批复、对评估结果的确认批复或国有资产管理部门对评估结果的核准或备案文件
3.2	股东股权受限情况
	如果存在股东股权质押,请提供相关协议或文件 如果存在股东股权代持,请提供相关协议或文件 如果存在股东表决权委托,请提供相关协议或文件 如果存在股东一致行动协议,请提供相关协议或文件 如果存在股东股权被冻结,请提供相关文件,包括但不限于法院的相关裁定书、冻结通知等 如果股东已经向第三人承诺转让其在目标公司中的全部或部分股权,请提供相关协议或文件 如果存在与股东股权相关的权属争议或纠纷,请介绍相关情况并提供相关文件 其他任何限制目标公司股东行使股东权利的政府文件、司法文件、与第三人的协议等

续表

序号	所需材料
3.3	目标公司发行期权或其他认股权证的情况
	如果目标公司存在发行期权或其他认股权证的情况，请提供相关协议或文件，包括但不限于期权授予协议、认股权证文件等
3.4	目标公司实施员工股权激励相关文件
	如果公司已设立员工持股平台，请提供自工商行政管理部门打印的员工持股平台全套工商档案资料 员工股权激励方案、制度和激励协议等文件 其他与分红挂钩、权益结算挂钩的员工激励方案、制度和激励协议等文件
3.5	目标公司历次私募股权融资文件
	之前每轮的全套私募股权融资文件，包括但不限于境内外投资协议、增资协议、股东协议、股权转让协议、公司章程、披露函、目标公司与个别股东单独签订的补充协议/附属协议等 公司律师或前轮投资人律师出具的法律尽职调查报告(如有)
4	业务、产品与经营资质
4.1	目标公司的业务、产品和服务
	集团公司所涉及的全部业务类型和业务模式情况介绍 集团公司所涉及的全部产品/服务情况介绍 各集团公司的业务分工和业务定位情况介绍 集团公司近三年的主营业务收入情况介绍(按业务类型划分) 集团公司近三年的主营业务收入情况介绍(按产品类型划分) 集团公司的主要盈利模式介绍 集团公司的销售模式情况介绍(如直销、经销、中间商推介等) 集团公司的采购模式情况介绍 目标公司未来1~3年的商业计划书
4.2	目标公司的资质证照
	目标公司就其目前所从事业务已经取得的所有资质证书，以及目标公司拟申请或正在申请中的资质证书 目标公司经营范围和方式需要第三方特许经营的，请提供特许经营合同、支付相关费用的凭证 请说明集团公司是否从事货物和/或技术进出口？如有，请提供相关的批准文件及证书，包括但不限于海关进出口货物收发货人报关注册登记证书、自理报检单位备案登记证明书、对外贸易经营者备案登记表、技术进出口合同备案/登记证等 本行业企业认定证书(如有)

续表

序号	所 需 材 料
	本行业产品认定证书(如有) 高新技术企业证书 管理体系认证证书 目标公司被授予的荣誉称号,如重点扶持企业、高科技企业、所投资项目被列入 863 计划或者火炬计划、公司产品被认定为国家级新产品或者新技术等
4.3	目标公司的主要客户和供应商
	目标公司近三年前十大客户名单,请按年销售额大小分年度列表 目标公司近三年前十大供应商名单,请按年采购额大小分年度列表 目标公司近三年前十大经销商名单,请按年销售额大小分年度列表
5	重大合同
5.1	重大业务合同
	目标公司全部现行有效的/正在履行的/尚未执行完毕的业务合同清单(包括销售合同、采购合同等) 涉及金额达到或超过人民币【50】万元的全部现行有效的/正在履行的/尚未执行完毕的业务合同 涉及期限达到或超过【1】年的全部现行有效的/正在履行的/尚未执行完毕的业务合同 与战略合作伙伴签订的合同或其他形式的书面约定 与前十大客户、前十大供应商、前十大经销商签订的合同或其他形式的书面约定 关联交易合同(包括但不限于关联销售、关联采购、关联担保、关联租赁、关联资金拆借等)
5.2	正常业务过程以外的重大合同
	含有限制目标公司私募融资、股权转让、资产出售的文件/合同 含有限制目标公司竞争能力、业务能力等排他条款的文件/合同 目标公司与政府部门签订的合同或其他形式的书面约定 目标公司或创始人与高校/科研院所签订的合同或其他形式的书面约定 涉及目标公司对外股权投资、对外债权投资的文件/合同 涉及目标公司购买、出售、转让、租赁资产的合同(包括融资租赁或者经营性租赁协议) 涉及目标公司购买、出售、转让、许可知识产权的合同 涉及知识产权的授权使用合同、购买合同、技术开发/委托开发合同、技术合作合同 目标公司尚未偿还、结清或执行完毕的借贷款合同(包括银行授信合同) 涉及目标公司对外提供抵押、质押、保证或任何其他形式担保的文件/合同 涉及第三人对目标公司作出的抵押、质押、保证或任何其他形式担保的文件/合同

续表

序号	所 需 材 料
5.3	重大违约行为
	如果目标公司存在任何形式的重大违约行为,以及合同相对方对目标公司存在任何形式的重大违约行为,请提供相关合同、协议及违约情况说明
6	关联交易与同业竞争
6.1	关联方
	请提供目标公司持股5%以上的股东、董监高及上述人员的近亲属和关系密切的家庭成员对外投资或者兼职的除目标公司以外的企业名单(以下简称"关联方企业")
	对于控股股东、实际控制人投资或兼职的关联方企业,或者与目标公司存在任何形式的交易的关联方企业(以下简称"重要关联方企业"),请提供重要关联方企业的股权结构、主营业务说明、一年一期财务报表
6.2	关联交易
	关联交易的概况,包括但不限于:(1)关联交易类型,包括但不限于关联销售、关联采购、关联担保、关联租赁、关联资金拆借等;(2)是偶发性关联交易还是经常性关联交易;(3)交易的内容、数量、金额及在公司相关业务中的比重;(4)关联方的应收、应付款项余额占公司应收应付余额的比重
	关联交易的公允性,包括但不限于:(1)关联交易内部决策制度;(2)履行了公司内部必要的审批程序的决策文件
	关联交易合同
	关联交易支付凭证
6.3	同业竞争
	目标公司与其关联方是否存在相同或者类似产品/业务的情况说明 目标公司与关联方在细分市场、业务性质、客户对象、市场区域、产品的可替代性等方面存在的差别的介绍和说明 目标公司与其关联方避免同业竞争的措施或者承诺,包括(1)目标公司的控股股东、实际控制人与目标公司是否签订了避免同业竞争的协议或者对避免同业竞争作出承诺;(2)目标公司、控股股东及实际控制人履行该等协议或者承诺的情况;(3)目标公司、控股股东及实际控制人是否已经采取有效措施以避免同业竞争

续表

序号	所 需 材 料
7	主要财产
7.1	土地
	目标公司拥有、占用或使用的土地清单
	如果以划拨方式取得土地使用权,请提供政府主管部门同意划拨土地使用权的批文
	如果以出让方式取得土地使用权,请提供如下文件:(1)土地使用权出让合同;(2)国有土地使用权证/不动产权证书;(3)缴纳土地使用权出让金的发票或缴款证明;(4)履行了"招拍挂"程序的证明文件
	如果以受让方式取得土地使用权,请提供如下文件:(1)土地使用权转让合同;(2)土地使用权转让方已经签署的土地使用权出让合同,或者,转让前土地使用权未办理出让手续,则请提供政府主管部门同意划拨土地使用权转让的批文;(3)转让费及与转让合同有关的其他费用的缴纳凭证;(4)转让完成后,登记在目标公司名下的土地使用证
	如果以承租方式取得土地使用权,请提供如下文件:(1)国有土地使用权证/不动产权证书;(2)土地使用权租赁合同登记/备案证明
	如果在土地上设定了任何抵押或担保,请提供如下文件:(1)抵押合同;(2)抵押所担保的债务合同;(3)抵押登记证明;(4)抵押物评估报告
7.2	房屋
	目标公司拥有、占用或使用的房屋清单(包括厂房、办公室、仓库、职工宿舍和公寓及其他)
	与以购买方式取得房屋产权相关的文件,请提供如下文件:(1)房屋所有权证书/不动产权证书;(2)房屋购买合同;(3)价款支付凭证及有关税费缴纳凭证
	与以预售方式购买房产相关的文件,请提供如下文件:(1)房屋预售合同;(2)房产管理部门的预售登记证明
	与出租和承租房屋相关的文件,请提供如下文件:(1)房屋租赁合同;(2)房屋租赁备案登记凭证;(3)如果存在转租情况,请提供房屋原始权利人同意转租的文件
	与房产上设定的任何抵押或担保相关的文件,请提供如下文件:(1)抵押合同;(2)抵押所担保的债务合同;(3)抵押登记证明;(4)抵押物评估报告

续表

序号	所 需 材 料
7.3	建设项目与在建工程
	建设项目与在建工程清单，包括已经完成或竣工的建设项目，以及正在建设的建设项目和在建工程 与建设项目和在建工程相关的文件，如果相关项目/工程已经竣工，请提供如下文件：(1)建设项目立项批复/备案；(2)节能审查文件；(3)环评批复文件；(4)建设用地规划许可证；(5)建设工程规划许可证；(6)建筑工程施工许可证；(7)消防竣工验收文件；(8)环保竣工验收文件；(9)建设工程竣工验收文件 与建设项目和在建工程相关的文件，如果相关项目/工程正在建设中，请提供如下文件：(1)建设项目立项批复/备案；(2)节能审查文件；(3)环评批复文件；(4)建设用地规划许可证；(5)建设工程规划许可证；(6)建筑工程施工许可证 与工程建设相关的合同，请提供如下文件：（1）发包合同；（2）施工合同；(3)监理合同；(4)采购合同 与在建工程上设定的任何抵押或担保相关的文件，请提供如下文件：(1)抵押合同；(2)抵押所担保的债务合同；(3)抵押登记证明；(4)抵押物评估报告
7.4	重大机器设备
	重大机器设备清单 重大机器设备的购买凭证 如果重要固定资产是通过融资租赁、经营性租赁、分期付款等方式而使用的，请提供相关合同文件 请确认目标公司购置的机器设备是否曾享受进口设备减免税优惠待遇且仍在海关监管期内 如果目标公司的机器设备被抵押或者查封的，请提供抵押合同、抵押登记文件、查封手续文件等
7.5	存货
	存货清单，包括但不限于存货的名称、数量、单价、所有权人、存放地点等 如果目标公司的存货被抵押或者查封，请提供抵押合同、抵押登记文件、查封手续文件等 目标公司所有或者使用的其他资产文件及证明 与目标公司财产相关的保险情况，包括(1)财产、设备、责任事故、自然灾害、第三者责任保险；(2)请列明保险人名称、险种、保险期限、保险范围等；(3)请提供相关保险合同，及最新的保费缴费凭证

序号	所 需 材 料
8	知识产权
8.1	专利
	目标公司注册、拥有或使用的专利清单 目标公司注册、拥有或使用的核心专利清单 若为目标公司申请取得的专利，请提供以下文件：(1)专利清单，包括专利名称、申请人/权利人、申请号/专利号、专利申请时间/有效期间、申请状态等基本信息，下同；(2)专利证书；(3)最新的专利年费缴纳凭证 若为目标公司受让取得的专利，请提供以下文件：(1)专利清单；(2)转让合同；(3)转让费支付凭证；(4)最新的专利年费缴纳凭证；(5)国家知识产权局登记证明文件 若为目标公司正在申请中的专利，请提供以下文件：(1)专利清单；(2)若为已申请但未公开的专利，请提供申请受理通知书、申请费缴费凭证等文件；(3)若为已申请并公开的专利，请提供申请受理通知书、公开文件等资料；(4)若为已申请并进入实质审查的专利，请提供申请受理通知书、进入实质审查通知书等文件 若为目标公司使用的，但非目标公司所有的专利，请提供以下文件：(1)专利清单；(2)专利使用权合同；(3)专利许可使用权合同在国家知识产权局的备案文件；(4)专利许可费支付凭证；(5)专利证书；(6)最新的专利年费缴费凭证 若为目标公司实际控制人、股东、董监高或者员工申请的专利，请提供以下文件：(1)专利清单；(2)目标公司关于该专利是否属于职务发明的情况说明；(3)若为已申请但未公开的专利，请提供申请受理通知书、申请费缴费凭证等文件；(4)若为已申请并公开的专利，请提供申请受理通知书、申请费缴费凭证及公开文件；(5)若为已申请并进入实质审查的专利，请提供申请受理通知书和进入实质审查通知书、申请费和实质审查费用缴费凭证等文件；(6)若为已经授权公告的专利，请提供专利证书和专利申请费、年费、登记费缴费凭证
8.2	非专利技术
	目标公司拥有或使用的非专利技术清单，及其权属证明 若为通过转让方式取得的非专利技术，请提供评估报告、资产转让协议、转让费凭证和资产转移手续 目标公司使用非专利技术的其他文件，包括合同、约定的使用费缴费凭证等文件 与非专利技术相关的其他材料，包括技术研发协议、合作协议、相关技术成果鉴定、国家相关部门的认定等

续表

序号	所需材料
8.3	商标
	目标公司注册、拥有或使用的所有商标/标识清单 若为目标公司申请取得的注册商标，请提供以下文件：(1)商标清单，包括商标图案、申请者/权利人、申请号/注册号、申请日/有效期、申请状态等基本信息，下同；(2)商标注册证；(3)若为到期应该续展的商标，请提供商标局的核准续展文件；(4)如果商标注册证相关信息曾经变更的，请提供该商标局的核准变更文件； 若为目标公司受让取得的注册商标，请提供以下文件：(1)商标清单；(2)转让合同；(3)商标局的核准转让文件；(4)转让费支付凭证；(5)若为到期应该续展的商标，请提供商标局的核准续展文件；(6)如果商标注册证相关信息曾经变更的，请提供该商标局的核准变更文件 若为目标公司已申请，但尚未取得注册证的商标，请提供商标申请受理通知书、申请费缴费凭证等 若为目标公司使用的，但非目标公司拥有的商标，请提供以下文件：(1)商标清单；(2)商标许可使用合同；(3)商标许可使用合同商标局备案证明文件；(4)商标许可使用费支付凭证；(5)商标注册证及续展证明 若为目标公司使用的，但尚未申请注册的商标，请提供该等商标的清单 若为目标公司实际控制人、股东、董监高或者员工名下的商标，请提供以下文件：(1)商标清单；(2)目标公司关于该等商标权属情况的说明；(3)若为已经取得注册证的商标，请提供商标注册证、续展文件等；(4)若为已申请，但尚未取得注册证的商标，请提供商标申请受理通知书、申请费缴费凭证等
8.4	著作权
	目标公司注册、拥有或使用的著作权(包括计算机软件著作权)清单，及其证明文件(包括但不限于计算机软件著作权登记证书、作品著作权登记证书等) 若为通过受让方式取得著作权的，请提供著作权评估报告、转让合同、转让费支付凭证和转让交接手续等文件 目标公司注册、拥有或使用的著作权(包括计算机软件著作权)清单，及其证明文件(包括但不限于计算机软件著作权登记证书、作品著作权登记证书等)
8.5	域名
	目标公司注册、拥有或使用的域名清单，及其证明文件(包括但不限于域名注册证书) 最新的域名年费缴费凭证 若通过受让方式取得域名的，请提供转让合同和转让费支付凭证

序号	所 需 材 料
8.6	其他
	如果目标公司实际控制人、股东、董监高或者员工名下有任何与目标公司业务相关的知识产权(包括但不限于专利、非专利技术、商标、著作权、域名等),请提供该等知识产权清单
	目标公司保护其知识产权而采取的任何措施,包括但不限于知识产权保护制度、知识产权管理手册、职务发明奖励政策等
	若任何第三方针对目标公司,或目标公司针对任何第三方提起任何有关知识产权的异议或主张,请提供往来信函、警告信、内部备忘录、争端解决协议等(如有)
	目标公司知识产权被质押或查封的,请提供相关质押合同、登记手续文件、查封手续文件等
9	财务与债权债务
9.1	会计报表、财务信息及审计报告
	目标公司最近三年的年度合并审计报告 目标公司最近三年的年度单体审计报告 目标公司最近一年未经审计的月度、季度及半年度财务报表(财务报表包括资产负债表、损益表、现金流量表)
9.2	债权债务
	目标公司应收账款清单以及其他应收款清单,包括(1)应付款主体名称/姓名、金额、期限、担保方式、对应事由等;(2)清单所列各项应收账款、其他应付款的合同文件、担保文件等
	目标公司应付账款清单以及其他应付款清单,包括(1)收款主体名称/姓名、应付账款性质、金额、期限、担保方式、对应事由等;(2)清单所列各项应付账款、其他应付款的合同文件、担保文件等
	目标公司尚未清偿的贷款清单,包括(1)提供贷款银行、公司或其他主体名称/姓名、贷款金额、期限、担保方式等;(2)公司目前正在履行的全部借款合同以及对应的担保合同
	目标公司营业外收支明细
	目标公司为其他单位或个人提供的担保清单,包括清单所列各担保文件及其主合同
	与目标公司境外借贷款相关的文件,包括但不限于正在履行和将要履行的国际贷款、国际融资和其他形式的外债合同、文件、外债登记文件,将要发生或者准备发生的外债情况清单(该清单应包括金额、发生的时间、外债的形式、债权人等)

续表

序号	所需材料
	目标公司的其他重大融资安排，包括但不限于所有正在履行和将要履行的贷款合同、融资合同及其他形式的资金融通合同和其他形式的文件，将要或者准备签订的贷款合同、融资合同及其他形式的资金融通文件(有关情况清单应包括金额、发生的时间、资金融通的形式、债权人等) 若目标公司存在涉及其股权、资产、业务的已经发生且尚未了结/解决的重大违约行为，请提供相关合同、协议及违约情况说明
10	税务与财政补助
10.1	税务
	请说明目标公司所适用/执行的税种和税率 目标公司的税务申报表、支付凭证及完税证明 目标公司目前已经享受的、拟享受的或正在申请过程中的税收优惠政策，请提供有关纳税或者减税、免税、退税的税务机关批复及优惠依据(包括相关法规、政策等) 税务部门出具的关于目标公司的税务处理决定书(表)、税务稽查报告、税务(包括关税)处罚及相关文件等，以及目标公司与税务部门之间的未决争议的详情(如有) 目标公司与税务部门之间的实际争议、未决争议的详情 目标公司股东关于利润分配和固定回报的有关合同或文件，以及目标公司是否履行代扣代缴义务的说明 如果目标公司存在资本公积金转增资本情况的，请提供目标公司是否履行代扣代缴义务的说明
10.2	财政补助
	目标公司享受财政补贴、补助的依据及政府部门的批文 目标公司财政补贴入账的记账凭证、原始凭证
11	劳动与社保和公积金
11.1	管理层
	目标公司现任董事、监事及高级管理人员(以下合称"董监高")名单、简历及任职兼职情况 目标公司与董监高签署的劳动合同、保密协议、不竞争协议、知识产权转让协议的签署版本复印件；若存在未签署的情况，请告知并说明原因、未来签署安排

续表

序号	所 需 材 料
11.2	核心技术人员
	目标公司技术负责人、研发负责人、研发部门主要成员、主要知识产权和非专利技术的发明人或设计人、主要技术标准的起草者(以下合称"核心技术人员")的名单
	目标公司与核心技术人员签署的劳动合同、保密协议、不竞争协议、知识产权转让协议的签署版本复印件；若存在未签署的情况，请告知并说明原因、未来签署安排
11.3	用工情况
	最近一期的员工花名册
	兼职人员名单(包括但不限于兼职研发人员、兼职管理人员等)
	外籍员工名单(包括港澳台员工)
	请说明目标公司用工概况；若存在多个目标公司，请按照各目标公司分别统计并提供，包括：(1)实际用工人数(包括实习生、兼职人员、临时工等，无论是否签订书面劳动合同)；(2)签订书面劳动合同人数，未签订书面劳动合同的人数及原因；(3)签订保密、竞业禁止及知识产权保护协议的人数；(4)未签订保密、竞业禁止及知识产权保护协议的人数及原因
	劳务派遣情况，包括：(1)派遣单位的情况；(2)劳务派遣单位的经营许可证；(3)劳务派遣工的人数及占全体员工的比例；(4)目标公司使用劳务派遣工的岗位情况；(5)目标公司与劳务派遣员工签署的劳务派遣协议
	劳务外包情况，包括：(1)劳务外包公司的情况；(2)劳务外包公司的经营资质；(3)劳务外包的人数及占全体员工的比例；(4)目标公司使用劳务外包的岗位情况；(5)目标公司与劳务外包公司之间签署的协议
	非在岗人员情况，包括：(1)停薪留职、待岗、病休以及其他不在岗人员的名单、形成的原因、公司的负担情况等；(2)离休、退休、病退、预退人员的名单、安置情况、公司的负担情况
	目标公司与员工签订的劳动合同、保密协议、竞业限制协议、知识产权转让协议的模板
	目标公司的集体合同(如适用)
	目标公司的工时制度情况介绍
	目标公司的劳动用工备案登记文件

序号	所 需 材 料
11.4	社会保险
	目标公司的社保文件，包括经年检的社会保险登记证、住房公积金登记证，以及社保主管机关和住房公积金主管机关出具的目标公司已按时足额交纳社保和公积金的证明函
	目标公司社保缴纳情况说明，若存在多个目标公司，请按照各目标公司分别统计并提供，包括：(1)社会保险包括但不限于养老保险、失业保险、医疗保险、工伤保险、生育保险、住房公积金；(2)目标公司参保人数(按照各险种分别统计)；(3)目标公司参保基数(按照各险种分别提供)；(4)未参保人数、未参保原因及解决措施
11.5	劳动争议
	目标公司员工向目标公司提出索赔的情况
	目标公司与员工间已经发生、正在进行或有明显迹象表明将要发生的劳动争议仲裁及诉讼情况
	请提供相关仲裁或诉讼的法律文书、仲裁裁决或判决书，并就该程序的最新进展情况提出证明或做出说明
11.6	劳动行政处罚情况
	劳动卫生、劳动安全、劳动保护、劳动保险制度建立及执行情况，有无处罚，有无潜在处罚的可能性
	有关政府劳动行政管理部门就目标公司劳动方面事宜向任何目标公司正式提出任何警告、处罚、意见、要求和建议的所有情况说明和相关文件
12	安全生产与环境保护
12.1	安全生产
	请提供目标公司在安全生产方面已取得的政府文件(包括但不限于各类备案文件等)
	目标公司自设立起如果发生过任何生产事故和意外，请详细描述该事故和意外的发生过程、伤亡人数、赔偿金额及有关诉讼或行政程序
	目标公司自设立起因安全生产问题所受到的政府主管部门的处罚情况
	目标公司安全生产的保障措施、标准和监管守则

续表

序号	所 需 材 料
12.2	环境保护
	目标公司与环保相关的所有政府批文、报告或证书,包括但不限于选址环保评价报告,环境管理体系认证证书,排污许可证,排水许可证,环境保护设施合格证,环境监测报告,大气污染、噪声污染、工业固体废体申报登记文件,由环保部门出具的关于废物或危险物质外溢或释放的报告和通知,自行处理污染物(包括但不限于收集、储存、运输、处理)的全部政府授权、执照、批准许可)所有项目的防治污染设置、设备的竣工验收合格证明及其设计和被批准使用年限的文件等
	目标公司对外签署的涉及环保之所有合同、意向书、承诺书和文件
	目标公司历年来接受环保部门或其他环保监督管理部门监督检查的所有环保证明和相关文件
	请确认目标公司近【3】年内是否有因违反环保法律、法规或涉及环保问题而已经发生、正在发生或有明显迹象标明将可能发生诉讼、仲裁、行政调查或处罚。如有,请提供相关文件(如行政处罚通知书、判决书、裁决书)
	目标公司历年来缴纳排污税费及其他一切与环保相关的税费的证明或凭证
13	诉讼、仲裁与行政处罚
13.1	目标公司的诉讼、仲裁和行政处罚情况
	如果目标公司涉及任何诉讼、仲裁,请提供与此相关的一切文件和资料
	如果目标公司涉及任何潜在纠纷,请提供与此相关的一切文件和资料
	如果目标公司受到任何行政处罚(包括但不限于工商、税务、劳动、外汇、环保、质量、海关、物价等政府管理部门的行政处罚),请提供与此相关的一切文件和资料
	请提供关于目标公司涉诉案件的法院判决及仲裁裁决的执行情况介绍,包括(1)是否已经超过了执行的诉讼时效;(2)对于目标公司为执行申请人的案件,待执行款的金额及执行的可能性;(3)对于目标公司为被执行人的案件,是否存在被强制执行的风险

续表

序号	所需材料
13.2	目标公司核心人员的诉讼、仲裁和行政处罚情况
	如果目标公司的<u>实际控制人、控股股东、创始股东、董监高、核心技术人员</u><u>等(以下合称"核心人员")</u>涉及任何诉讼、仲裁、行政处罚、刑事案件,请提供与此相关的一切文件和资料
	如果目标公司的核心人员负有数额较大的债务且到期未清偿的,请详细说明相关情况
	如果目标公司的核心人员曾因涉嫌犯罪被司法机关立案侦查或者涉嫌违法违规被中国证监会立案调查的,请详细说明相关情况
	如果目标公司的核心人员被列入失信被执行人名单的,请详细说明相关情况
	如果目标公司的核心人员曾担任破产清算的公司、企业的董事或者厂长、经理,请详细说明相关情况
	如果目标公司核心人员任职的企业处于"已吊销未注销"的状态,请详细说明相关情况

第五章　投资交易文件核心条款

市场上的投资交易文件五花八门，不同律师事务所在不同项目中使用的交易文件也不尽相同。笔者项目中遇到过的交易文件各式各样。一种是来自专业服务机构的文件，格式工整、条款完备；另一种明显是来自非专业服务机构的，字体、格式混乱，条款表述不规范，语言偏向口语化。从专业的角度来说，交易文件中条款的表述应尽量严谨准确，从尽调过程和具体项目中的实际问题出发，使用法言法语，以适用法律环境。

在投融资实践中，投资交易文件的谈判涉及各方错综复杂的博弈，深入理解投资交易文件中各项条款的内涵，是创始人签署投资交易文件前的必修课。

投资协议可以理解为约定本次投资交易事项的协议，是新投资人与公司方的约定，不会实质影响老股东的权益，理论上仅需要新投资人、创始人和公司作为签署方即可，且公司后续融资不会影响前轮融资的投资协议的法律效力。股东协议可以理解为对投资交割完成后新老股东权利安排的协议，每一轮融资都会影响全体股东的权益，因此需要全体股东签署。通常而言，投资人会提供投资协议和股东协议两份主要交易文件，但有的早期投资人仅提供一份协议。无论是两份协议还是一份协议，核心内容均包括两部分，即约定本次投资交易事项的内容和交割后股东权利义务的内容。

第一节　投资协议核心条款

视交易结构不同，投资协议包括增资协议和股权转让协议。若投资人以增资认购新股的方式投资，则将与公司签署增资协议（Share Purchase Agreement，SPA）；若投资人以受让老股的方式投资，则将与公司签署股权转让协议（Equity Transfer Agreement，ETA）。

一、估值和投资额

估值和投资额是投资协议必要的核心条款。投资人投资前首先会对公司进行估值，通常由公司先定估值，看投资人是否认可。常用的估值方法包括市盈率定价法、净资产定价法和现金流折现法等。

如果投融资双方对公司估值无法达成一致意见的话，则无法推动交易。创始人通常希望公司能有较高的估值，从而避免股权被过多地稀释，而投资人则希望用更少的钱获得更多的股权，以便在后续退出时获得更高的回报收益。从另一方面来说，高估值看起来对公司有利，但若一味追求高估值，可能导致公司融资停滞进而影响公司业务开展，因为在风险投资领域，快速完成融资可以拿到钱用于技术升级，从而抢占市场先机。对于投资人而言，过低估值则可能使创始人感到心理不平衡，不利于激励创始人为包括投资人在内的全体股东创造价值。因此，合理确定估值也是投融资双方需要考虑的首要重点问题。确定估值的方式也有很多，对于公司而言，最为合理的方法就是多接触投资机构，根据投资机构的反馈得出一个中位数，这就是相对合理的公司估值。

在估值谈判中，需要明确投前估值和投后估值的基本概念。投前估值（Pre-Money Valuation）是指投资人未投入资金进入公司前的公司估值；投后估值（Post-Money Valuation）则是指投资人资金进入公司后的公司估值。例如，公司投前估值为17000万元人民币，投资人投资3000万元，则公司的投后估值为20000万元。双方进行估值谈判时，需要明确谈论的是投前估值还是投后估值。以上述的案例为例，若双方未说明17000万元人民币为投前估值，投资人若在签署正式协议时声称此为投后估值，则公司的投前估值将只有14000万元人民币。

与投资额、估值、持股比例相关的公式如下所示：

(1)投资人的投资额=计入注册资本的数额+计入资本公积的数额

(2)投后估值=投资人的投资额+投前估值

(3)投资所得股权比例=投资额/投后估值

(4)投资后新的注册资本总额=投资前的原注册资本总额/(1−投资所得股权比例)

(5)计入注册资本额=投资后的注册资本总额×投资所得股权比例

增资协议中关于估值和投资额的表述一般如下:

投资人同意按照本协议约定的条款和条件出资人民币【＊】元(大写:【＊】元整)(以下称"增资认购款"),认购目标公司新增注册资本人民币【＊】元(大写:【＊】元整),剩余人民币【＊】元(大写:【＊】元整)计入目标公司的资本公积金。本次增资完成前,目标公司注册资本为人民币【＊】元(大写:【＊】元整);本次增资完成后,目标公司的注册资本将增加至【＊】元(大写:【＊】元整)。本次增资完成前,目标公司的投前估值为人民币【＊】元(大写:【＊】元整);本次增资完成后,目标公司的投后估值为人民币【＊】元(大写:【＊】元整)。

因为股权转让交易不会导致估值发生变动,所以股权转让协议中通常不会描述估值。股权转让协议中关于投资额的表述一般如下:

股权转让方同意将其持有的目标公司【＊】元注册资本及其所对应的股权和所有附属权益(以下称"目标股权")转让给股权受让方。股权受让方同意按照本协议约定的条款和条件受让股权转让方持有的目标股权。股权受让方购买和受让目标股权的对价为人民币【＊】元(大写:【＊】元整)(以下称"股权受让款")。

二、陈述与保证

陈述与保证条款(Representations & Warranties)是投资协议的核心条款之一,投资人通常要求公司和/或创始人对交割日前公司的基本情况和经营状况的各种事实和情况作出必要的确认和声明,包括但不限于公司的主体资格、资本状况、股东及其出资、历史变更、对外投资、财务、债务、税务、合同、关联交易、资产、知识产权、劳动、诉讼与仲裁、客户、供应商等情况的说明。

需要提请注意的一点是，陈述与保证条款仅针对交割日前的事项，公司和创始人仅对公司交割日前的事实情况进行保证，而非交割日后的情况。

由于投资人与公司之间存在信息不对称，对于投资人在尽职调查中不容易发现的问题和风险，通过要求公司和创始人作出陈述与保证，投资人可以进一步了解公司全方面的事实情况，避免信息不对称风险。对于公司尚存的但难以在交割前解决的问题，公司方需作出陈述与保证；若存在虚假陈述的，公司方需承担违约责任。因此，陈述与保证条款通常被视为尽职调查的补充。

陈述与保证条款的设计要点如下：

(1)陈述与保证的主体。投资人通常要求目标公司及创始人作出陈述与保证，并承担连带责任。在股权转让交易中，还要求转让方作出陈述与保证。强势的投资人会进而要求集团公司(包括目标公司及其所有子公司、分支机构)、创始人、员工持股平台共同作出陈述与保证。作为创始人，作出陈述与保证的主体越少，若发生违约情况，则需要承担责任的主体越少。同时，创始人还可以进一步要求其自身承担责任的范围仅限于其所持目标公司股权，不涉及其个人财产。

(2)陈述与保证的内容。陈述与保证往往涵盖目标公司及其子公司、分支机构，并要求对公司的全面情况作出陈述与保证。对于公司方而言，作出陈述与保证的内容越少，则未来面临投资人控诉陈述不真实、不准确、不完整的可能性越小，对公司更有利。

(3)披露函(Disclosure Letter)。披露函是指公司方为了进行披露、免除违约责任进而向投资人出具的函件，投资人可能根据公司披露事项的性质和范围，衡量其可能承担的风险，进而在交易文件中细化条款、降低估值，甚至推迟交易或放弃交易。陈述与保证一般为标准和全面的严格规定，对于不符合该等规定的事实情况，公司方可以在披露函中予以披露，从而免除公司方的违约责任。例如，即使已经了解公司某些现有股东存在股权代持的情况，但是陈述与保证的内容依然是"无股权代持"的表示，对于这种情况，就需要公司在披露函中披露具体的股权代持情况。再例如，即使了解到公司某些现有股东的出资尚未实缴，但是陈述与保证的内容依然是"已全部实缴"的表述，对于这种情况，就需要公司在披露函中相应地披露未实缴的情况。对于公司而言，可以由交易律师协助准备披露函，具体披露细节应当由公司方阅读陈述与保证条款后核实准备，且披露口径应与尽调口径一致。如果投资人已事先知悉了部分内容，公司应确保披露函中包含该等投资人事先知悉的内容；若公司方不确定部分内容是否应被披露，则需事先征求律师意见，一般情况下将该等信息披露出来更为稳妥和谨慎。

投资协议中关于披露函的条款示范如下，"目标公司和创始人共同且连带地向投资人陈述并保证：除本协议附件一之《披露函》所披露的以外，本协议第 3.1 条中的各项陈述与保证于本协议签署日和交割日均为真实、准确、完整和不具有误导性的……"对于公司方而言，真实、准确、完整地披露能够确保公司方不因违反陈述与保证条款而需向投资人承担违约责任；对于投资人而言，投资人可以通过披露函了解公司的真实情况，及时发现公司可能存在的风险。

公司和创始人做出陈述与保证需要谨慎、真实，因为在投融资实践中，若创始人违反陈述与保证条款，需要承担投资协议项下的违约责任。在宋某某、北京东土科技股份有限公司股权转让纠纷一案（案号（2019）京民终 1646 号）中，作为陈述方的宋某某就因为违反了陈述与保证条款，支付了大额违约金。

2014 年 10 月 27 日，北京东土科技股份有限公司（以下简称东土科技公司）受让常某、宋某某等 16 名原拓明科技公司的股东合计 100% 的股权，并签署了《购买资产协议》。其中受让原股东宋某某股权比例为 23.03%。

各方经平等友好协商达成协议，并约定了常规的陈述与保证条款和违约责任条款。《购买资产协议》约定常某、宋某某等 16 名原股东作为转让方负有保证、承诺拓明科技公司不存在重大诉讼、3 年内不存在重大违法行为、高级管理人员不存在重大诉讼的合同义务。

2018 年 6 月 29 日，公司下属子公司拓明科技公司及相关人员常某涉嫌单位行贿罪被河南省郑州市惠济区人民检察院（以下简称惠济区检察院）提起公诉。而后经惠济区法院、郑州中院裁判，拓明科技公司及法定代表人、董事常某在 2011 年、2013 年以及 2015 年东土科技公司收购拓明科技公司时犯行贿罪。

二审法院北京市高级人民法院裁判认定，作为转让方之一的宋某某违反了《购买资产协议》约定的陈述与保证义务，应承担违约责任，并依据《购买资产协议》支付了 249.6 万元违约金。

该案《购买资产协议》中相关的陈述与保证条款和违约责任条款内容如下：

第一条　定义

1.1.16　重大不利事件：指造成或可能造成本协议一方或拓明科技公司的生产经营稳定性等任何重大方面产生重大不利变化的或不利于目标资产交割的任何行为、事件、事实、条件、变化或其他情况。

7.5.2　常某、宋某某等 16 名原股东存在未向东土科技公司披露的交割日前或有事项，导致拓明科技公司受到财产损失的，由相关转让方向东土科技公司或拓明科技公司以现金方式补足全部损失。

第十二条　陈述和保证

12.1.4　披露信息真实。常某、宋某某等 16 名原股东应按东土科技公司尽职调查和信息披露的要求向东土科技公司和其委托的中介机构提供有关文件、资料和信息；常某、宋某某等 16 名原股东已经或将在本次交易实施完毕前向东土科技公司及其委托的中介机构提供的与本次交易有关的所有文件、资料和信息均真实、准确、完整和有效，无虚假记载、误导性陈述或重大遗漏。

12.2.3　无重大诉讼或行政程序。拓明科技公司不存在以拓明科技公司为一方或以拓明科技公司任何财产或资产为标的的重大诉讼、仲裁、争议、索赔或其他重大纠纷；凡有关事实发生在目标资产交割日之前而导致的诉讼、争议、索赔所引起的赔偿、产生的债务或责任、发生的费用，均应由常某、宋某某等16名原股东承担。

12.2.8　董事、高级管理人员不涉诉。拓明科技公司的董事、总经理等拓明科技公司《公司章程》规定的高级管理人员不存在尚未了结的或虽未发生但可预见的重大诉讼、仲裁及行政处罚。

12.2.10　遵守法律法规。拓明科技公司遵守与其相关的管理法律法规；拓明科技公司三年内不存在重大违法行为，不存在因违反工商、税收、外汇、海关、土地、环保、质量技术监督、劳动与社会保障等部门的规定而受到重大处罚的行为，不存在任何可能导致对其产生重大不利影响的指控，也不存在任何依合理判断可能导致遭受相关政府主管部门重大处罚的情形。

12.3　常某、宋某某、王某某、江某在本协议签署之日至股权交割日期间继续在拓明科技公司任职，自股权交割日起仍需至少在拓明科技公司任职36个月(拓明科技公司予以主动解聘且经过东土科技公司同意的除外)。

第十三条　违约责任

13.1　除非本协议另有约定，任何一方如未能履行其在本协议项下之义务或承诺或所作出的陈述和保证失实或严重有误，则该方应被视作违反本协议；为避免歧义，如发生非经东土科技公司书面同意的拓明科技公司重大不利事件，应视为常某、宋某某等16名原股东违反本协议。

13.2　违约方应依本协议约定和法律规定向守约方承担违约责任，向守约方一次性支付违约金800万元，并赔偿守约方因违约方的违约行为而遭受的所有损失(包括为避免损失而支出的合理费用)。

三、交割先决条件

交割先决条件（Conditions Precedent，CP）是指双方约定的履行交割义务的前置条件。在投资交易文件签署并生效后，若交割先决条件未能满足，且投资人未豁免相应的交割先决条件，则投资交易无法交割。

常见的交割先决条件包括：陈述与保证真实、准确和完整，内部审批（包括公司内部决策机构的审批），外部审批（包括国资审批、评估审批/备案（如需）），未发生重大不利影响，投资人对尽职调查结果满意，投资人内部决策机构批准交易，以及根据尽调情况增加的交割先决条件，等等。

关于付款和办理工商变更的先后顺序，对于投资人而言，理论上存在付款后公司怠于办理工商变更登记的风险；对于公司而言，理论上存在办理完毕工商变更登记后投资人迟迟不付款的风险。因此，"先付款后工商"还是"先工商后付款"，或者"进行分期付款安排在两次交割中间办理工商变更"，需要双方商议和博弈来确定。

在投融资实践中，除了交割先决条件，还会设置一个交易最终完成日（Long Stop Date），若在最终完成日，交割先决条件仍未能满足，则交易双方有权终止交易。交易最终完成日的时间期限由双方根据实际情况最终确定。对于投资人在尽职调查中发生的问题，如果投资人认为有必要在打款前让公司整改完成的，且短时间内可以完成整改的，就会放在交割先决条件中要求公司完成。对于公司方而言，交割先决条件越少越好，否则若有某件小事公司无法在交易最终完成日前完成，投资人即可终止交易。

四、过渡期

过渡期通常是指自财务报表基准日起至交割日止的期限。财务报表基准为财务尽调团队对公司尽调审阅期间的最后截止日期。在投融资实践中，投资人通常要求公司在过渡期内正常运营，如采取需通过股东会决议或董事会决议的重大行动需经过投资人事先同意。

过渡期条款主要包括禁止行为和排他性行为，其中禁止行为包括处分公司重大资产、主营业务发生实质性变更、签署重大合同、订立贷款合同或提供担保、非正常人员调动和调薪、变更会计政策或替换会计师、修改公司章程、变更注册资本、分配利润、重大诉讼仲裁等。排他性行为包括与投资人以外的其他投资人讨论、磋商或谈判接受股权投资、债权投资或其他形式投资等。

这是因为在过渡期内，投资人尚未以股东身份参与公司经营，若公司在这段时间产生重大债权债务、大肆分配公司利润以及重大诉讼等，可能会损害目标公司权益，导致投资款投入公司时无法用于约定的投资用途，投资人进而无法实现投资目的。

五、交割后承诺

交割后承诺（Post-closing Covenants）是指公司方承诺在交割后履行的义务，对于尽调中发现的问题，如果未放在交割先决条件中的，即不甚重要且解决相对耗时较长、成本较高的问题，可以放在交割后承诺。在设置交割后承诺条款时，投资人律师会设置完成事项的期限。对于公司而言，建议根据实际情况尽量延长完成时间，避免因未能在约定期限内完成交割后承诺事项导致违约。

项目交割前的事项往往由外部律师或公司法务跟进确认，但是交割完成后，外部律师不会继续跟进，缺乏专职投后管理人员的小型私募基金也未必能主动跟进投后事项。此时若公司方未在规定期限内完成交割后承诺的，公司方则将构成投资交易文件项下的违约，投资人有可能据此要求公司承担违约责任，对此，建议公司将所有交割后承诺事项制作成流程表，定期跟进完成。

与陈述与保证条款一样，若创始人违反交割后承诺条款，也需要承担投资协议项下的违约责任。

六、赔偿责任

赔偿责任包括一般赔偿（General Indemnity）和特殊赔偿（Special

Indemnity）。一般赔偿是指公司方因违反投资交易文件下的陈述与保证，或未履行、未全面履行投资交易文件下的承诺和义务，导致投资人损失时需承担的赔偿责任。特殊赔偿是指就交割前在特定方面的风险事项，若交割后导致投资人损失的，公司方需向投资人承担的赔偿责任。与一般赔偿责任不同，公司方即使向投资人披露了潜在风险事项，若投资人将该等风险事项列入特殊赔偿事项，交割后因触发了特殊赔偿情形给投资人造成损失的，公司方不会因披露豁免相应的赔偿责任。

承担赔偿责任的主体通常包括公司和创始人，他们承担共同且连带的赔偿责任。对此，创始人可以考虑针对创始人的责任设置如下赔偿责任限制条款（Limitation of Indemnity）。

1. 赔偿金额限制

第一，创始人可以考虑设置赔偿责任上限，例如创始人以其持有的公司股权为限。这里要注意"以所持目标公司股权为限"和"以所持目标公司股权价值为限"的区别。以"所持目标公司股权为限"表明创始人承担责任的财产仅为公司股权，排除了创始人持有的其他个人财产，起到了财产隔离的目的；而"以所持目标公司股权价值为限"仅对创始人承担责任的范围做了限定，并未排除创始人的其他财产，创始人存在被投资人要求以其他财产进行赔偿的风险。

若约定为"以所持目标公司股权价值为限"，目标公司股权价值如何确认需要进一步做具体约定。确定公司股权价值的方式根据约定情况有所不同（例如按照第三方评估机构确定的价值、按照投资交易文件中约定的方式确定的价值、以投资人对公司进行投资时点作为确定公司股权价值的时点、以股权拍卖或变卖时点作为确定公司股权价值的时点、以约定的股权回购价款为依据确定股权价值），若依据某一种方式确定的公司股权价值低于创始人变卖股权所得的价值，则就不足部分，创始人需以其他个人财产进行补偿，未能起到财产隔离的作用。

因此，在文字表述上，为实现自身利益最大化，创始人可以使用"以所持目标公司股权为限"的表述，投资人可以使用"以所持目标公司股权价值为限"的表述。

第二，创始人可以考虑设置起赔额（First Dollar Basket）或者免赔额（Deductible Basket）。起赔额是指除非投资人的损失高于一定金额，否则投资人不得提起索赔。免赔额是指若投资人提起索赔，则可以免除一定金额的赔偿款。两者区别是若设置起赔额，一旦索赔额度超过起赔额，则所有金额均需赔偿，包括起赔额的额度；若设置免赔额，若索赔额度超过免赔额，免赔额度可以相应扣除。

第三，创始人可以考虑设置获赔金额上限。例如设置赔偿金额最高为投资人的投资成本。

2. 赔偿顺序限制

创始人可以考虑约定赔偿责任顺位，先由公司进行赔偿，公司无法赔偿的部分再由创始人赔偿。

3. 赔偿期限限制

创始人可以考虑约定陈述与保证条款的有效期限为交割后若干年内，经过该等期限，投资人不得就违反陈述与保证要求承担违约责任。

第二节　股东协议核心条款

股东协议（Shareholder Agreement，SHA）是约定全体股东权利义务和公司治理的协议。股东协议中的投资人权利条款涉及较多专业的法律术语，对于并非专门从事投融资业务的人而言看起来眼花缭乱，本节将对股东协议中的常见条款进行解析。

一、投资人退出条款

对于投资人来说，投资公司最重要的是获得投资收益和保证资金安全退出。特别是对于私募股权投资基金而言，其通过非公开方式向少数投资者募集资金，私募股权投资基金的投资人（LP）对其投资的项目亦有投资回报的要求，因此在交易文件谈判阶段，投资人最关心的条款即为投资人退出条款。

投资人常见的退出方式包括成功上市(合格 IPO)、并购、股权转让、回购、清算等。成功上市是最理想的退出方式,上市后投资人的股权可以在二级市场自由流通变现,在公司股价上涨时出售即可取得投资回报。若公司无法成功上市的,可以通过并购、股权转让、回购、清算等方式实现。不同于购买上市公司股票,有限责任公司股权无法自由流通,通过股权转让方式退出较为困难,且很有可能无法获得投资收益。因此,投资人会在股东协议中约定回购权、领售权、优先清算权等优先权利条款,以完善退出机制。

(一)回购权(Redemption Right)

回购权条款是投资交易中谈判的焦点条款,投资人通过设置回购条款能够实现投资退出的目的。回购权是指投资人在特定条件下有权要求回购义务人以约定的价格回购投资人所持有的公司全部或部分股权,包括如下五个基本要素。

1. 回购义务人

回购义务人是指投资人有权要求承担回购义务的主体,回购义务人通常有以下三种约定方式:第一种是公司作为回购义务人,第二种是创始人或实际控制人作为回购义务人,第三种是公司和创始人、实际控制人共同作为回购义务人。

当采用第一种和第二种约定方式时,投资人往往会要求未承担回购义务的另一方承担补充责任,即若公司作为回购义务人的,当公司未履行或未全部履行回购义务时,创始人或实际控制人应向投资人补足公司未支付的回购价款;反之亦然。对于投资人而言,公司和创始人、实际控制人共同作为回购义务人,并承担连带责任是最优方案;对于公司而言,由公司作为回购义务人则是最佳选择,若由创始人作为回购义务人的,则需约定创始人回购责任限制条款。关于创始人回购责任限制,在前文赔偿责任限制条款中有论述,但针对回购义务项下的赔偿责任限制有所不同,将在下文具体展开。

此外，目前公司回购股权在实操上有一定的不确定性，需要事先满足两个前提条件，即"公司完成减资程序"和"公司有利润且利润足够补偿"。《全国法院民商事审判工作会议纪要》(法〔2019〕254 号，以下称《九民纪要》)第五条规定：【与目标公司"对赌"】投资方与目标公司订立的"对赌协议"在不存在法定无效事由的情况下，目标公司仅以存在股权回购或者金钱补偿约定为由，主张"对赌协议"无效的，人民法院不予支持，但投资方主张实际履行的，人民法院应当审查是否符合公司法关于"股东不得抽逃出资"及股份回购的强制性规定，判决是否支持其诉讼请求。投资方请求目标公司回购股权的，人民法院应当依据《公司法》第 35 条关于"股东不得抽逃出资"或者第 142 条关于股份回购的强制性规定进行审查。经审查，目标公司未完成减资程序的，人民法院应当驳回其诉讼请求。投资方请求目标公司承担金钱补偿义务的，人民法院应当依据《公司法》第 35 条关于"股东不得抽逃出资"和第 166 条关于利润分配的强制性规定进行审查。经审查，目标公司没有利润或者虽有利润但不足以补偿投资方的，人民法院应当驳回或者部分支持其诉讼请求。今后目标公司有利润时，投资方还可以依据该事实另行提起诉讼。

2. 回购事件

回购事件是指投资人可以行使回购权的具体情形。在投融资实践中，根据公司实际情况不同，约定的回购事件也各不相同，但至少会包括如下四种：公司无法在约定期限内实现合格 IPO、公司的实际控制权发生变更、公司或实际控制人发生严重违反交易文件的行为、创始人出现欺诈等不诚信行为或犯罪行为等。

对于投资人而言，回购事件当然是越多越好，但对于公司方而言，应尽量缩减回购事件，仅在发生重大事件时才允许投资人行使回购权。

3. 回购价格

投资人往往会要求回购义务人按照投资本金加一定投资回报/投资溢价/年化收益的回购价格来回购其股权。常见的表述为回购价格=投资人所要求回购的股权对应的投资金额×(1+【%】×N)，其中N＝投资人要求回购的股权对应的投资金额实际支付之日至投资人发出书面回购通知之日的天数÷365。考虑到对投资人的利润分红，还可以考虑减去投资人要求回购的股权对应的已分配的股息/红利。举例的回购价格表述是按照年单利的方式计算的回购价格，利率通常在8%～12%不等，还有通过年复利的方式计算回购价格的情形。对于投资人而言，按照复利计算能够获得的投资回报更高；但对于公司方而言，一旦发生回购情形，面临的回购责任则越重。

此外，还有投资人为了获得更高的投资回报，会将回购价格条款设置为"孰高"，例如"为本协议之目的，回购价格为以下四者之最高者：(i)按照下列公式计算的价格：回购价格＝投资人所要求回购的股权对应的投资金额×(1+10%×N)，其中N＝投资人要求回购的股权对应的投资金额实际支付之日至投资人发出书面回购通知之日的天数÷365；(ii)投资人所要求回购的股权在回购通知日所对应的目标公司经审计的最近一个季度期末合并报表的账面净资产值；(iii)投资人所要求回购的股权在回购通知日所对应的回购通知日前目标公司最近一轮融资后估值；(iv)由投资人认可的独立外部第三方评估机构评估的投资人所要求回购的股权的市场公允价值"。对此，作为公司方而言，可与投资人谈判协商，沟通发生回购情形时，往往是公司发生重大风险事件，投资人急需退出，按投资成本加利息的方式已经可以保证投资人取得一定投资回报的目的，要求删除其他回购价格的计算方式。

4. 回购顺位

回购顺位是指当多个轮次的投资人同时要求回购时，回购义务人按照何种优先顺序进行回购的约定。对于投资人而言，当公司发生回购事件时，若回购义务人无法向所有要求回购的投资人支付回购款，则享有优先顺位的投资人有权优先退出，后续退出的投资人则很有可能面临无法获得回购价款的风险。通常来说，回购顺位遵循"后进先出"的原则，即后轮投资人优先于前轮投资人退出，这是因为前轮投资人以较低的估值投资公司，理应承担更高的投资风险，而后轮投资人以更高的估值进入，在回购权中拥有优先顺位，可以获得优于前轮投资人的保护。即使后轮投资人以低于前轮融资的估值投资公司，这往往是公司遇到经营危机时出现估值倒挂，这时后轮投资人投资公司无异于雪中送炭，挽救公司于水火之中，且降低了前轮投资人投资失败的风险，后轮投资人也应享有更优先的回购顺位。对于投资人而言，拥有越优先的顺位越有利；但对于回购义务人而言，投资人处于何种顺位影响不大，因为回购义务人承担的回购责任是确定的，无非是先向谁支付的问题。因此，回购顺位往往是投资人的谈判焦点，公司方往往不会在此点上过多拉扯。

5. 回购责任限制

回购责任限制的种类主要包括以下三类：（ i ）设置回购的前置整改程序，例如"若发生重大不利事件且经投资人书面通知后一定期限内仍未能完成整改"。（ ii ）设置回购责任上限，同时部分创始人也会明确要求回购责任承担不涉及配偶财产和家庭共同财产，例如"创始人仅以其持有的股权/股权价值为限"。这里需要提示的是，"以股权为限"和"以股权价值为限"尽管在表述上差别不大，但在是否影响创始人的个人财产上可能天差地别，此点已在本章第一节第六条"赔偿责任"内容中有所论述。（ iii ）设置投资人回购权的行使期限，例如"投资人应在发生回购事件后 6 个月内行使回购权，否则将丧失回购权利"。避免在发生回购事件后投资人久久不行使权利，而使公司的股权结构处于不稳定状态。对于投资人而言，在触发回购事件后的任何期限内行权是最优选择，投资人享有自主权。对于公司方而言，约定了行使期限后，若投资人不在约定期限内行权则其丧失回购权，但在实务操作中，亦可能存在回购事件触发后，投资人原本未能决定是否要行使回购权，但受限于行使期限的条款，不得不尽快行权的可能性，这样会增加公司方短期内筹集回购资金的压力，是把"双刃剑"。但回购责任限制也会存在例外，从投资方的角度来说，即使接受了创始人回购责任限制条款，也会约定"创始人存在故意、重大过失或欺诈"的除外情形，例如"创始股东以其持有的目标公司股权/股权价值为限承担回购义务，但创始股东存在故意、重大过失或欺诈的情形除外"。

此前在实务界经常争论的问题是，对赌协议中股权回购时公司回购是否有效的问题。此问题从最开始的"对赌第一案"（即甘肃世恒有色资源再利用有限公司、香港迪亚有限公司与苏州工业园区海富投资有限公司、陆波增资纠纷一案[（2012）民提字第11号]，以下称甘肃世恒案），到"公司回购有效第一案"（即江苏省高级人民法院对江苏华工创业投资有限公司与扬州锻压机床股份有限公司、潘云虎等请求公司收购股份纠纷一案[（2019）苏民再62号]（以下称江苏华工案），再到《九民纪要》规则的出台，裁判规则经历了甘肃世恒案判定的对赌协议中公司回购无效先例到江苏华工案判定的公司回购有效先例再到最后《九民纪要》规定公司回购有效但应满足相关条件的演变。

此外，与回购权相关的一个问题是，与国有企业签订的对赌协议中含有股权回购条款的，是否需要由国资管理部门审批方可生效。这个问题在最高人民法院的案例未出现前，实务操作中通常会认为涉及国有企业的股权回购须经国资监管部门审批，但国资监管部门审批流程较慢，且批复后的条款不一定能明确说明合同中条款的效力，因此实务中遇到国资股权回购问题往往会增加谈判成本，拖延融资节奏。

而在南京报业集团有限责任公司、南京时代传媒投资有限责任公司等合同纠纷一案中（案号（2022）最高法民申232号），最高人民法院则认定与国有企业签订的对赌协议中含有股权回购条款的，无需国资管理部门审批即可生效。最高人民法院裁定，《公司法》第六十六条仅规定国有独资公司的合并、分立、解散等情形，必须由国有资产监督管理机构决定及报批，并不涉及股权回购事宜。《中华人民共和国国有资产法》第三十条规定，国家出资企业的合并、分立、增减注册资本、进行重大投资等重大事项，应遵守相关规定，不得损害出资人和债权人的权益，并无关于股权回购需经审批的规定。《企业国有资产监督管理暂行条例》第二十三条系关于国有股权转让的规定，若致使国家不再拥有控股地位的，须经政府批准；第二十一条、第二十四条等规定情形，均无股权回购须经批准的规定。

（二）领售权（Drag-along Right）

领售权又称拖售权、强制出售权，是指当满足约定的条件时，享有领售权的股东在将自身持有的公司股权出售给潜在买方时，有权强制其他股东以同等的价格和条件向潜在买方出售股权。

设置领售权的主要目的是当出现整体出售公司的机会时，防止其他股东对整体出售公司的交易提出异议。对于投资人而言，当公司上市机会渺茫时，基金存续期间有限，有退出时间的压力，出现第三方愿意以合理价格收购公司，能保证其投资收益的情况下，投资人通常愿意出售其股权。但创始人则不同，其与公司共同成长，即使公司发展情况不尽如人意，创始人也不一定愿意出售股权。此时领售权的设置能够为投资人退出提供保障。

在阿里巴巴收购饿了么[①]、美团收购摩拜等案例中，均有领售权的身影。2018 年 4 月，阿里巴巴、蚂蚁金服和饿了么宣布公告，阿里巴巴将联合蚂蚁金服以 95 亿美元的价格全资收购饿了么。其中领售权在这次并购中发挥了重要作用。上市公司北京华联商厦股份有限公司于 2018 年 4 月 2 日发布的《关于对外投资 Rajax Holdings 的进展公告》中显示，阿里巴巴作为领售权人，拖着其他股东将饿了么股份卖给阿里巴巴旗下全资控股子公司 Ali Panini Investment Holding Limited。《关于对外投资 Rajax Holdings 的进展公告》具体内容如下：

> 阿里巴巴之前已接触过 Rajax 全体股东并表达收购意向。基于 2017 年 8 月签署的 ROFR 协议中关于强制拖售权的安排，若 Rajax 未来发生并购、重组、资产买卖、股权买卖、控制权变更等重大清算事件时，在阿里巴巴、Rajax 多数优先股股东以及多数普通股股东书面

---

① 案例来源：https://caifuhao.eastmoney.com/news/20180402191200120015770，访问日期：2023 年 4 月 12 日。

同意的情况下，其他未书面同意的股东必须接受并执行交易安排，并且 Rajax 任何董事可以代表未书面同意的股东签署交易文件。截至本公告披露日，公司收到 Rajax 通知，阿里巴巴、Rajax 多数普通股以及优先股股东已书面同意将其所持有的 Rajax 股权转让给阿里巴巴旗下全资控股子公司 Ali Panini Investment Holding Limited，已达到拖售权的条件。由于公司未向 Rajax 发出书面同意意见，董事张旭豪已代表公司签署全部交易文件。公司将必须接受本次交易安排，将所持有的全部股份转让给 Ali Panini Investment Holding Limited，交易对价为 1.847 亿美元。

领售权条款的要素主要包括领售权人、行使门槛和收购方限定。

（1）领售权人。领售权作为投资人享有的优先权利，领售权人一般是投资人。但由于行使领售权将导致公司整体出售，影响重大，强势的创始人可能会要求由持股达到一定比例（例如50%）的创始人股东以及享有领售权的投资人股东共同同意方可发起领售。在实践中，领售权人可以约定为半数以上表决权投资人领售、半数以上表决权投资人与半数以上表决权的创始人联合领售、公司半数以上所有表决权股东领售、投资人单方面领售，最终如何约定根据创始人和投资人的谈判具体确定。

（2）行使门槛。由于领售权往往会导致公司易主，创始人将失去自己一手建立的公司，可以说领售权是创始人头上的"达摩克利斯之剑"。而这把剑何时掉下、掉下后的锋利程度，都取决于创始人和投资人的谈判。为了避免投资人滥用领售权，创始人可以增加领售权的行使门槛。领售权的行使门槛包括时间门槛和估值门槛。时间门槛是指需要在融资交割日后一定期限后（例如三年、五年）方能行使；估值门槛是指约定拟收购方对目标公司的估值应满足一定条件（例如本轮投后估值的五倍、十倍等）。设置时间门槛的目的是确保投资人不能随时出售公司，为创始人提供一个经营公司的合理期限，只有超过一定时间后，投资人认为公司发展无望时才能出售公司。设置估值门槛的目的是确保整体出售公司时创始人也能获得一定回报，以免投资人行使领售权及触发优先清算权后，投资人拿走全部股权的转让收益，创始人颗粒无收。对于投资人而言，门槛越低，领售权越是把握在投资人的手中，投资人越容易行使领售权；对于创始人而言，应尽量将门槛设置得高一些，防止投资人轻易将公司出售。具体而言，时间越长对创始人越有利，估值越高对创始人越有利。

（3）收购方限定。创始人通常会要求拟收购方不能是投资人的关联方，以免投资人利用领售权条款实现剥夺创始人控制权的目的。

典型的领售权条款如下："在任何 B+轮投资人投资款到位 55 个月之后，在公司已为合格上市安排向中国证券监督管理委员会或经投资方认可的证券交易所上报材料前，若有第三方希望购买公司股权/股份，在公司估值不低于 150 亿元人民币，且全体投资方均同意出售时，如果该购买方要求购买全部公司股权/股份，且其他交易条款符合交易惯例，创始股东及持股平台须同意并促使其他股东同意出售其所持有的全部或部分公司股份/股权；如果创始股东或持股平台不同意按此价格出售，创始股东须以同等条件以自有资金或从其他合法渠道筹集资金购买投资方所持有的全部公司股份/股权。全体股东应采取所有必要行动完成该等出售交易，包括但不限于在公司股东会和/或促使其提名的董事在董事会上投赞成票通过出售公司股权/资产的决议、签署相关股权/资产转让合同、办理相关工商变更手续等。"

（三）优先清算权（Liquidation Preference）

优先清算权是指在公司发生法定或约定清算事件时，享有优先清算权的投资人有权优先于公司其他股东获得按照约定价格计算的公司清算收益。

优先清算权的要素主要包括清算事件、优先清算收益、清算顺位和差额补足义务。

（1）清算事件。除了《公司法》第一百八十条①和第一百八十二条②规定的清算事件外，投资人还会在优先清算权条款中约定清算事件和视同清算事件。清算事件，例如公司生产经营停顿达一定时间、公司发生严重亏损导致无力继续经营等，会根据投资人要求不同略有不同。视同清算事件则通常涵盖导致公司发生整体出售的事件和导致公司实际控制权发生变更的事件。

（2）优先清算收益。根据《公司法》的规定，公司清算时，公司财产应优先支付清算费用、职工工资、社会保险费用和法定补偿金，缴纳所欠税款，清偿公司债务。据此，支付前述价款和费用后的剩余财产，可以在股东之间进行分配。投资人的优先清算收益一般包括投资本金、投资回报（即投资本金的年化收益，市场约定利率通常在8%~12%）。关于剩余财产的二次分配收益，涉及投资人获得优先清算收益后，若公司还有剩余财产，是否参与二次分配的问题。在投融资实践中通常有三种约定方式：第一种是参与型，即投资人获得优先清算收益后和其他股东一起按照持股比例参与剩余财产的分配；第二种是非参与型，即享有优先清算权的投资人获得优先清算收益后不得参与剩余财产的分配；第三种是附上限的参与型，即投资人和其他股东一起按照持股比例参与剩余财产的分配，但其投资回报会约定上限，该上限不低于优先清算收益。对于投资人而言，如果选择参与型，投资人可以获得更高的收益，但对于公司其他股东而言，主要对创始人来说，能取得的清算财产将减少。因此，在投融资谈判中，投资人往往会争取参与二次分配，而创始人则会要求投资人不参与二次分配。

（3）清算顺位。优先清算权的顺位安排和回购顺位一致，遵循"后进先出"的原则，即最后轮次的投资人享有最优先的清算顺位。原因也和回购

---

①　《中华人民共和国公司法》第一百八十条规定，"公司因下列原因解散：（一）公司章程规定的营业期限届满或者公司章程规定的其他解散事由出现；（二）股东会或者股东大会决议解散；（三）因公司合并或者分立需要解散；（四）依法被吊销营业执照、责令关闭或者被撤销；（五）人民法院依照本法第一百八十二条的规定予以解散"。
②　《中华人民共和国公司法》第一百八十二条规定，"公司经营管理发生严重困难，继续存续会使股东利益受到重大损失，通过其他途径不能解决的，持有公司全部股东表决权百分之十以上的股东，可以请求人民法院解散公司"。

顺位一致。若同一轮次的优先清算收益不能全额获得支付的，则通常约定该轮次的投资人按照其应获得的优先清算收益的相对比例获得价款。

优先清算权的常见表述如下："若投资人持有公司股权期间发生清算事件(定义见下文)，在公司依法支付清算费用、职工工资、社会保险费用和法定补偿金，缴纳所欠税费和清偿公司债务后，以公司清算时的可分配财产为限，股东应按照下述原则取得清算财产：(i)投资人股东优先于非优先权股东，以及(ii)同属投资人股东的，以截至本协议最近生效日向前追溯，后一轮投资人优先于前一轮投资人。以截至本协议最近生效日最近一轮融资C轮为例，投资人获得优先清算额的方式如下：(1)C轮投资人就其所持有的股份/股权享有相对于公司其他股东的优先分配权。C轮投资人的优先清算金额('C轮优先清算金额')为以下金额之和：增资认购款(定义见C轮增资协议)，加上按照8%的单利年化收益率计算的增资认购款利息(从支付增资认购款之日起算，并截至获得全部C轮优先清算金额之日)，加上公司已宣布但未分配给C轮投资人的公司税后股利或分红。如果公司可分配清算财产不足以向C轮投资人支付上述优先清算金额，则公司可分配清算财产应全部按每一C轮投资人可获得优先清算金额之间的相对比例在C轮投资人之间进行分配。(2)在C轮投资人依据上述约定获得全部C轮优先清算金额后，则B+轮投资人有权获得的优先清算金额('B+轮优先清算金额')为以下金额之和：增资款(定义见B+轮增资协议)，加上按照8%的单利年化收益率计算的增资款利息(从支付增资款之日起算，并截至获得全部B+轮优先清算金额之日)，加上公司已宣布但未分配给B+轮投资人的公司税后股利或分红。如果公司可分配清算财产不足以向B+轮投资人支付上述优先清算金额，则公司可分配清算财产应全部按每一B+轮投资人可获得优先清算金额之间的相对比例在B+轮投资人之间进行分配……在所有投资人均依据上述约定获得优先清算金额后，如仍有剩余财产，应由全体股东(包括投资人)按照所持注册资本的相对比例在全体股东(包括投资人)之间分配。为避免疑义，清算事件是指公司自愿或非自愿清算、解散或清盘、核心资产转让或控制权变更。"

(4)差额补足义务。在发生清算事件后,若公司可分配财产不足,投资人未获得全部优先清算收益的情形下,投资人可能会要求创始人负有差额补足义务。这会使得创始人背负个人责任,对此创始人可以考虑主张创始人的差额补足义务以其所持股权为限,具体与回购责任限制类似,使得创始人的差额补足义务不涉及创始人及其家庭的个人财产。

司法实践中,对于优先清算权的纠纷还聚焦在优先清算条款的有效性上,即对于优先清算权的约定是否违反《公司法》第一百八十六条第二款"清偿公司债务后的剩余财产,有限责任公司按照股东的出资比例分配,股份有限公司按照股东持有的股份比例分配"的规定的问题。

在国广传媒发展有限公司浙江华策影视股份有限公司合同纠纷一案中(案号(2020)浙04民终2163号),国广传媒发展有限公司(以下称"国广")与浙江华策影视股份有限公司(以下称"华策影视")共同于2012年成立"华策海宁公司",国广出资10万元,华策影视出资1200万元,其中10万元计入注册资本,剩余1190万元计入资本公积,双方持股比例1:1。双方在《合作协议》中约定:"华策海宁公司解散或清算时,在清偿全部债务后,应优先保障华策公司取得其投资额人民币1200万元(含华策公司历年累计股权分配在内),剩余部分由华策公司、国广公司根据股权比例享有。"2020年华策海宁公司决定清算,但就前述优先清算权条款的效力产生分歧。二审法院浙江省嘉兴市中级人民法院裁判认定,结合最高人民法院《全国法院民商事审判工作会议纪要》第30条关于强制性规定识别的规定,《公司法》第一百八十六条的约定不属于效力性强制性规定,《民法总则》第七十二条第二款规定:"法人清算后的剩余财产,根据法人章程的规定或者法人权力机构的决议处理。法律另有规定的,依照其规定。"这亦表明股东有权自行决定法人清算后的剩余财产分配问题。因此,双方关于优先清算权的约定有效。

二、优先权利条款

除了前述的投资人退出条款外,股东协议中占最大篇幅的即为投资人优先权利条款。为避免疑义，投资人退出条款也属于投资人优先权利条款，但其作为退出条款属于交易双方谈判时的焦点，因此单独讨论。优先权利条款包括保护性条款、知情权、优先认购权、优先购买权、共同出售权、优先分红权、反稀释权、最惠国待遇条款以及回购权、领售权、优先清算权。

（一）保护性条款（Protective Provisions）

保护性条款，又称为一票否决权条款，是指投资人对公司的特定重大事项享有一票否决权，具体可分为股东会层面的一票否决权和董事会层面的一票否决权。通过在股东会和董事会表决机制中设置投资人一票否决权，从而使投资人在一些与其利益相关的事项上掌握一定的控制权，也可以在一定程度上控制公司风险，保证公司在既定的轨道上发展业务。

保护性条款的要素包括表决机制和表决事项。

1. 表决机制

表决机制包括股东会层面的表决机制和董事会层面的表决机制，无论如何设计，投资人的重点在于谋求一票否决权。

股东会层面的保护性条款常见的表决机制包括：（i）全体股东表决权的 2/3 或 1/2 同意，且应经投资人同意；（ii）全体股东表决权的 2/3 或 1/2 同意，且经全体投资人所持表决权 2/3 或 1/2 以上的投资人同意；（iii）全体股东表决权的 2/3 或 1/2 同意，且经每轮投资人股东过半数同意。除了上述表决机制外，还可以利用人头决和表决权比例决的组合延伸出其他的表决机制。

董事会层面的保护性条款常见的表决机制包括：（i）经全体董事 2/3 或 1/2 同意，且经投资人董事同意；（ii）经全体董事 2/3 或 1/2 同意，且投资方董事半数以上同意。

2. 表决事项

根据公司融资发展的不同阶段，投资人会根据项目具体情况（所属行业、融资轮次、估值情况、谈判地位、投后管理能力）与公司方协商确定表决事项的具体范围。对于公司而言，表决事项的范围当然是越少越好，越少则公司经营受限于投资人的约束越小。但对于投资人而言，表决事项的范围却并非越多越好，保护性条款的核心是赋予投资人针对重大事项的否决权，任何一个投资人的否决可能会使表决事项无法推行下去，严重可能导致公司僵局，这也是投资人不愿意看到的情形。投资人在设置保护性条款时也需要考虑投后管理能力，因为表决事项的范围越大，投资人在投后需要批准的公司事务越多。若投资人投后无法及时有效地作出决策，也会导致影响公司正常业务的开展。

保护性条款的常见表决事项包括影响投资人优先权利的重大事项、有关公司治理的重大事项、有关公司日常运营的重大事项和有关公司资本运作的重大事项。

关于影响投资人优先权利的重大事项，主要包括：(i)稀释或减少投资人的持股比例/数额及其附属权利和权益；(ii)更改、删减、调整或取消为保障投资人权益而设定的各项权利；(iii)向除投资人之外的任何主体批准、设置或授予权利，以使该等主体所享有的权利优先于或者等同于投资人的权利；(iv)进行其他严重影响投资人权益的事项。

关于公司治理的重大事项，主要包括修改公司章程，实质性变更公司主营业务，变更董事会人数、架构，任免高管及决定其报酬事项。

关于公司日常运营的重大事项，主要包括批准公司年度预算、商业计划、运营计划，重大资本开支(包括对外投资)，重大合同的签署及变更，重大资产的处置，重大对外借贷、负债或担保，公司审计师的任免、会计政策的调整，员工薪酬标准的重大调整，重大关联交易，提起、终止诉讼或任何司法程序，宣布股息或分红。对于公司日常运营的重大事项，在投融资谈判中，公司往往会以投资人对此拥有一票否决权会干涉公司经营为由，要求投资人放弃一票否决权。但若投资人坚持要求一票否决权的，公司可以视情况在具体事项上增加金额限制，例如投资人对人民币500万元以上的关联交易、人民币500万元以上的负债等具有一票否决权。

关于公司资本运作的重大事项主要包括回购公司股权，公司合并、分立、清算、解散，批准或变更上市计划等。

此外，对于投资人而言，在设计表决事项时，需要考虑投资交易中可能涉及的反垄断风险。随着私募基金少数投资项目中对反垄断申报的关注度越来越高，反垄断申报评估成为投资交易文件处理中需考虑的工作。若经营者集中达到国务院规定的申报标准的，经营者应当事先向国务院反垄断执法机构申报。未申报的不得实施集中，触发经营者集中申报需达到交易构成经营者集中以及达到申报标准两项条件。

是否构成经营者集中取决于投资人是否取得控制权。若投资人取得了50%以上的股权或拥有董事会过半数席位，可能会被认定取得了公司控制权；即使未达到上述标准，若投资人对公司重大经营管理事项具有否决权，也可能构成反垄断法下的控制。公司生产经营计划、年度预算和决算方案、高管任免作为红线事项，若投资人对红线事项具有否决权的，则有很大概率会被认定为对公司拥有控制权。据此，投资人往往也会从经营者集中的角度考虑，放弃对公司这类事项的一票否决权。

若投资人取得反垄断法意义上的公司控制权，则在达成如下申报标准时将触发经营者集中申报的义务：(i)参与集中的所有经营者上一会计年度在全球范围内的营业额合计超过100亿元人民币，并且其中至少两个经营者上一会计年度在中国境内的营业额均超过4亿元人民币；或(ii)参与集中的所有经营者上一会计年度在中国境内的营业额合计超过20亿元人民币，并且其中至少两个经营者上一会计年度在中国境内的营业额均超过4亿元人民币。

因此，在投融资交易文件谈判时，若投资人属于大营业额的大型机构或私募基金，往往会考虑经营者集中申报的风险，进而主动要求放弃红线事项的一票否决权。

(二)知情权(Information Right)

知情权是指投资人了解和获取公司经营管理等重要信息的权利。由于投资人不直接参与公司经营，通过设置知情权要求公司定期向投资人提供信息并赋予投资人适当的核查权利便成为投资人的惯常需求。

知情权具体包括信息权、审阅权、检查权和审计权。

信息权是指投资人有权要求公司向其提供一定信息，例如公司应在每年、每季度、每月结束后的一定期限内向投资人提供审计报告或未经审计的财务报表等文件资料。

审阅权是指投资人通过其他方式了解公司的情况，例如，经提前通知，要求公司的董事会或高管提供公司的章程、会议记录、决议文件、账簿、合同等，以供投资人审阅。

检查权是指投资人有权在其认为有必要时，通过进入公司场所并接触工作人员，与相关人员讨论公司的业务、经营和情况。相应地，公司会要求投资人行使检查权是在合理提前通知并不干扰公司正常生产经营的情况下进行。

审计权是指投资人有权委派会计师事务所对公司进行审计，以确保公司提供信息的准确性。审计权包括任意审计情形和强制审计情形。任意审计情形是指投资人有权随时进行审计，这种情况下审计费用通常由投资人承担，但投资人可能会要求如果审计结果与公司审计结果有重大差异时，审计费用由公司承担。鉴于不同会计师事务所审计的标准不同，审计结果很有可能存在差异，而重大差异定义不明，此时建议公司可以坚持审计费用由投资人承担；而强制审计通常是指公司未按规定提供相关财务资料时，投资人进行审计，此时审计费用通常需由公司承担。

（三）优先认购权（Preemptive Right）

优先认购权，是指公司未来发行新股或可转换债券时，投资人享有优先认购该等新发行股份的权利。通过设置优先认购权，可以在一定程度上保障投资人的股权在未来新增融资中不被稀释，对于有发展潜力的公司，投资人也可以通过优先认购权保留未来增持股权的机会。

优先认购权条款示例如下："目标公司新增注册资本或发行新股时，投资人有权按照持股比例以同等条件及价格优先于其他股东认购该等增资或新发行股份。若任一享有优先认购权的投资人放弃或者没有完全行使其优先认购权，则其他享有优先认购权的投资人享有超额认购的权利。"

优先认购权的要素包括适用情形、行权比例、行权期限和除外情形。

(1)适用情形。适用情形主要包括两种情形，即发行新股或发行可转债、权证等类型的证券。发行新股是最常规的优先认购权适用情形，但部分股东协议中可能会忽略发行可转债、权证等类型证券的适用情形。对于投资人而言，增加发行可转债、权证等类型证券的情形可以避免公司通过发行可转债、权证等方式引入新股东的时候稀释其持股比例；对于公司而言，可以考虑不增加发行可转债、权证等类型证券的情形。

(2)行权比例。根据《公司法》第三十四条的规定，公司新增资本时，股东有权优先按照实缴的出资比例认缴出资。但是，全体股东约定不按照出资比例分取红利或者不按照出资比例优先认缴出资的除外。因此，全体股东可以约定不按出资比例行使优先认购权。在投资融资实践中，优先认购权的行权比例分为 Pro rata、Super pro rata、Advanced pro rata 和超额优先认购(见表 5-1)。

表 5-1

类型	行权比例	行权效果
Pro rata	投资人持股比例，即投资人所持公司注册资本/公司总注册资本	投资人持股比例不受稀释
Super pro rata	投资人之间的相对持股比例，即投资人所持公司注册资本/所有投资人所持公司总注册资本之和	(i)使得行权的投资人持股比例增加，相对应地导致创始人持股比例降低； (ii)可能阻碍引入新投资人
Advanced pro rata	投资人认购全部新增注册资本	使得行权的投资人持股比例大幅增加
超额优先认购	若某一投资人按照 Pro rata、Super pro rata、Advanced pro rata 中任一方式行权完毕后，部分投资人放弃了行权，就放弃行权的部分，该投资人有权选择再次认购	(i)使得行权的投资人持股比例大幅增加； (ii)使得优先认购权行权流程变得更为复杂、耗时更长，可能影响公司融资进程

以公司目前注册资本为 1000 万元，投资人 A 持股 2%，投资人 B 持股 6%，投资人 A 和投资人 B 享有同等的优先认购权，公司拟新增 100 万元注册资本为例，(i)按照 Pro rata 计算，投资人 A 有权优先认购公司 2 万元注册资本，投资人 B 优先认购公司 6 万元注册资本；(ii)按照 Super pro rata 计算，投资人 A 和投资人 B 的相对股权比例为 1∶3，则投资人 A 有权优先认购公司 25 万元注册资本，投资人 B 有权优先认购公司 75 万元注册资本，仅在某一投资人不行使优先认购权时，新引入的股东或其他股东方有权认购新增注册资本；(iii)按照 Advanced pro rata 计算，投资人 A 或投资人 B 均有权认购公司 100 万元注册资本。

对于公司方而言，Pro rata、Super pro rata、Advanced pro rata 三种方式中，按照优先接受程度来说，Pro rata 优于 Super pro rata，Super pro rata 优于 Advanced pro rata。对于投资人而言，则正好相反。特别地，尤其不建议公司方接受超额优先认购权利的条款。

(3)行权期限。普遍情形下，公司发行新股是出于融资需求，对于现金流紧张的公司而言，如果优先认购权的行权期限过长，会导致融资周期变长，不利于补充公司现金流。因此，在股东协议中约定好完整的行权流程，控制好行权期限至关重要。优先认购权的行权通常涉及如下期限，投资人在收到公司发出的增资通知后在多长期限内发出优先认购通知、在优先认购通知答复期限届满后多长期限内发出超额认购通知、在投资人收到超额认购通知后多长期限内发出超额认购通知。公司方可以根据融资节奏的安排合理安排上述期限。

(4)例外情形。公司方可以约定，何种情形下投资人不享有优先认购权，常见的例外情形包括员工激励计划、资本公积金转增注册资本、公司股改时发行股份等。条款举例如下："为免疑义，投资人优先认购权不适用于以下情形：(i)其他投资人基于本合同反稀释权认购公司新股的；(ii)为执行股权激励计划向公司员工增发新股的；(iii)公司公开发行股票并上市时发行的新股；(iv)根据公司以合并、兼并、资产购买或其他重组的形式收购另一家公司或实体所发行的公司的新股；(v)改制、拆股、重新分类或其他类似事件发行的公司的新股；（vi）各股东等比例未分配利润转增注册资本、资本公积转增股本等情况下发行的公司的新股。"

（四）优先购买权（Right of First Refusal）

优先购买权，是指在创始人或公司其他股东转让公司股权时，投资人享有按照同等条件下优先购买的权利。与优先认购权不同，优先购买权针对老股转让的情形，而非发行新股。对于有投资前景的公司，通过设置优先购买权，投资人可以增加自己的持股比例，同时老股转让的价格通常低于认购新股的价格，投资人行使优先购买权可以以较低的成本获得公司股权。

优先购买权条款示例如下："如果创始人股东拟转让其所持有的全部或部分目标公司股权，投资人有权按照相对持股比例以同等条件及价格优先于其他股东购买该等拟转让的股权。若任一享有优先购买权的投资人放弃或者没有完全行使其优先购买权，则其他享有优先购买权的投资人享有超额购买的权利。"

优先购买权的要素包括适用情形、行权比例、行权期限和除外情形。

（1）适用情形。优先购买权的适用情形通常为创始人转让股权的情形（但有的投资人可能会要求将员工持股平台、直接持股的核心员工也纳入覆盖范围内），原因是创始人在公司合格上市前出售股权往往需要满足创始人股权限制的要求（具体在后文第三条第一款"创始人限制"中具体阐述），在投资人决定豁免创始人股权限制的条件后，创始人方可转让股权，但在合格上市前，投资人通常不希望创始人大量转让所持股权，这会导致公司控制权发生变动，即使创始人被同意转让，通常仅为小额套现行为。根据《公司法》第七十一条的规定，如果股东对内转让股权，不需要经过其他股东同意，其他股东亦没有优先购买的权利；如果股东对外转让股权，需经其他股东过半数同意，不同意的股东应购买该股权，否则视为同意转让。同意对外转让的股权，其他股东都有优先购买的权利。但同时《公司法》规定，股东可以通过公司章程另行约定以排除前述优先购买规则的适用。虽然投资人会在股东协议中另行约定优先购买规则，但不一定会在公司章程中另行规定。对于投资人而言，可以将优先购买条款放入公司章程中以减少优先购买权条款效力的不确定性。

虽然创始人转让股权受限于优先购买权条款的限制，但投资人转让股权一般不会受到优先购买权的限制。理由在于投资人退出公司并获得财务回报是投资人的主要投资目的，因此投资人会尽量争取减少其退出的限制条件，如果投资人转股受限，则会对其退出造成障碍。但为了避免投资人转让股权给公司竞争对手，通常公司方会限制投资人转让股权给与公司存在竞争关系的实体。

（2）行权比例。与优先认购权类似，优先购买权的优先购买比例也是Pro rata、Super pro rata、Advanced pro rata 和超额优先购买，不同比例的区别详见前文"优先认购权"相关内容。

以公司目前注册资本为 1000 万元，投资人 A 持股 2%，投资人 B 持股6%，投资人 A 和投资人 B 享有同等的优先购买权，以创始人拟转让 100万元注册资本为例，（i）按照 Pro rata 计算，投资人 A 有权优先购买创始人转让的 2 万元注册资本，投资人 B 优先购买创始人转让的 6 万元注册资本；（ii）按照 Super pro rata 计算，投资人 A 和投资人 B 的股权比例为 1∶3，则投资人 A 有权优先购买创始人转让的 25 万元注册资本，投资人 B 有权优先购买创始人转让的 75 万元注册资本，仅在某一投资人不行使优先购买权时，新引入的股东或其他股东方有权购买创始人转让的注册资本；（iii）按照 Advanced pro rata 计算，投资人 A 或投资人 B 均有权优先购买创始人转让的 100 万元注册资本。

对于公司方而言，Pro rata、Super pro rata、Advanced pro rata 三种方式中，按照优先接受程度来说，Pro rata 优于 Super pro rata，Super pro rata 优于 Advanced pro rata。对于投资人而言，则正好相反。特别地，尤其不建议公司方接受超额优先购买权利的条款。

（3）行权期限。根据《公司法》第七十一条的规定，股东应就其股权转让事项书面通知其他股东征求同意，其他股东自接到书面通知之日起满三十日未答复的，视为同意转让。不同于优先认购权，30 日为法定的优先购买权行权期限，因此通常约定为投资人需在收到转股通知后 30 日内决定是否行使其优先购买权。

(4)例外情形。优先购买权常见的例外情形包括员工激励计划、创始人个人税收优化或资产筹划目的、创始人转让给近亲属等。条款举例如下："为免疑义，投资人优先购买权不适用于以下情形：（i）创始人出于对个人税收优化或资产筹划的考虑，直接或间接地出售、转让、置换、质押或以其他方式处置其持有的公司股权；（ii）创始人转让公司股权给其控制的实体、其近亲属以及其他一致行动人；（iii）创始人为执行股权激励计划，将其代持的公司员工持股计划项下股权转让给 ESOP 或激励对象不受前述限制。"

(五)共同出售权(Co-sale Right)

共同出售权又称随售权(Tag-along Right)，是指在合格上市前，创始人转让公司股权时，投资人拥有的按特定比例在同等条件(转让股权的数量、价格、支付方式及期限等)下参与出售的权利。因为创始人需要向投资人表达短期内不出售公司、与公司同进退的决心，若创始人出售公司股权，则投资人要求和创始人一同退出。但是投资人行使共同出售权是仅按一定比例退出，不是投资人退出的主要途径。

共同出售权条款示例如下："在创始人股东拟转让其所持有的全部或部分目标公司股权且该等转让将不会导致目标公司的实际控制人和/或实际控制权发生变更的情况下，如果投资人决定不行使其优先购买权，则投资人及其他享有共同出售权的投资人有权与转让方一起按照相对持股比例以同等条件及价格共同向受让方转让其各自持有的公司股权。"

共同出售权和优先购买权都是针对创始人转让股权时的优先权利。当创始人转让股权时，如果存在多位投资人，则部分投资人可能主张行使优先购买权，部分投资人主张行使共同出售权。投资人不会主张既行使优先购买权，又行使共同出售权，因为既买又卖，浪费时间和股权转让成本。

共同出售权和领售权，从形式上看都是投资人和创始人一起向第三方出售股权，但两者仍存在实质差别。共同出售权的主动发起方为创始人，投资人跟随创始人出售，而领售权的主动发起方为投资人，创始人跟随投资人出售。共同出售权是投资人和创始人各自按照一定比例出售股权，通常情况下不会导致公司控制权发生变更，而领售权是投资人出售其持有的公司股权时，要求其他股东出售全部或部分公司股权，往往会导致公司实际控制权发生变更，公司易主。

共同出售权的要素包括行权比例、行权期限和除外情形。

（1）行使比例。行使"共同出售权"的投资人可转让的股权数额＝（目标公司全部标的股权-已被其他投资人行使优先购买权所购买的股权）×该投资人所持有的目标公司股权数额/（全部行使共同出售权的投资人所持有的目标公司股权数额+拟出售股权的创始人所持有的公司股权数额）。

（2）行权期限。由于共同出售权的行权范围需要减去被行使优先购买权的股权数额的部分，因此共同出售权的行权期限需要考虑优先购买权的行权期限，一般不短于优先购买权的行权期限。对创始人而言，可以考虑在行权期限上对投资人加以限制，例如约定投资人在约定时间内没有通知其欲行使共同出售权的，视为放弃行使该权利。

（3）例外情形。共同出售权常见的例外情形包括因不可抗力、继承、司法执行等原因向第三方转让股权的，创始人因税收优化或个人资产筹划目的出售公司一定比例的股权等。

（六）优先分红权（Dividends Right）

优先分红权是指投资人有权优先于其他股东获得约定比例股息的一种权利。投资人更加关注的是通过合格 IPO 退出获得超额收益，往往倾向于少分红甚至不分红。理由是投资人投资时估值较高，持有公司股权比例较低，按照惯常方式分红获得的分红收益较少。另外，公司分红后用于经营的资金减少，也不利于公司的长期发展，与投资人投资公司的目的相悖。通过设置优先分红权条款，投资人即可解决上述两个问题。一是若公司分红时可以取得一定的股息红利，降低投资风险；二是当创始人待投资人取得优先分红的股息后方能分配剩余利润的话，大大降低了创始人分红的积极性，从而实现推动公司将利润继续用于业务经营的目的。

常见条款示例如下："公司决定分红时，投资人有权优先于其他股东获得每年不少于投资人投资额的8%的股息。"

优先分红权的要素包括分红顺序、分红利率、剩余利润分配。

（1）分红顺序。当公司经历多轮融资后，对于不同轮次的投资人而言，行使优先分红权的顺序将是投资人谈判时的焦点。与回购顺位类似，分红原则为"后进先分"，即最后轮次的投资人享有最优先顺位的分红权。除了后轮投资人估值更高的原因以外，后轮投资人不希望投入的资金成为利润分配的资金来源也是原因之一。

（2）分红利率。投融资实践中，优先分红利率通常为5%～12%，最常见的利率为8%。对于投资人而言，其投资的主要目的是通过退出获得投资回报，而不在于获取分红，因此无需设置太高的分红利率，导致增加谈判难度。对于创始人而言，如果公司未来几年内分红的概率不太，则无需在分红利率谈判上耗费太多时间。

（3）剩余利润分配。投资人获得优先分红的股息后，是否可以继续按持股比例参与剩余利润分配也是谈判的重点。投资人能否参与剩余利润分配，取决于项目双方的谈判地位和项目的具体背景情况。对于投资人而言，能够参与剩余利润分配则更有利，但对于创始人而言，则更倾向于投资人不参与剩余利润分配。另外，参与剩余利润分配是按照持股比例，还是实缴出资比例，也需要创始人留意。因为投资人入股时一定会实缴，但很多情况下，创始人并未实缴或并未全部实缴。

优先分红权在境外投融资实践中较常使用，在境内投融资实践中使用频率较低。无论是财务投资人还是战略投资人，大部分以公司合格上市为目标从而获得翻倍的投资回报。因此在公司上市前，往往不希望公司进行分红，即优先分红权的条款经常不会实际行使，渐渐地投资人也不会强烈希望取得优先分红的权利。

(七)反摊薄权(Anti-dilution Provision)

反摊薄权,又被称为反稀释权,指公司发行新股的每股价格低于投资人的每股购买价格时,投资人有权调整其每股购买价格,从而使投资人在投资额不变的情况下获得更多的股份。投资人通过设置反摊薄权条款,防止公司在多轮融资时,通过低价增资的方式大量稀释投资人股权,以致淘汰出局。

反摊薄权常见条款示例如下:"若目标公司未来发行新股时的每股价格('贬值发行价格')低于投资人的每股购买价格,则投资人有权要求以下任一一种反摊薄方式对其进行补偿,以使投资人的每股购买价格降至贬值发行价格:(i)由目标公司以中国法律允许的最低对价向投资人增发目标公司股份;(ii)由创始人以中国法律允许的最低对价向投资人转让其所持有的目标公司股权;和/或(iii)由创始人向投资人提供现金补偿。"

反摊薄权的要素包括调整方式、补偿方式和例外情形。

(1)调整方式。反摊薄权的调整方式包括完全棘轮(Full Ratchet)和加权平均(Weighted Average)。完全棘轮指在贬值发行的情况下,被摊薄投资人的每股购买价格将被调整为贬值发行价格,被摊薄投资人获得相应的股权补偿或现金补偿;加权平均指在贬值发行的情况下,被摊薄投资人的每股购买价格将被调整为被摊薄投资人的每股购买价格和贬值发行价格的加权平均值,被摊薄投资人获得相应的股权补偿或现金补偿。

加权平均的计算公式为:

$$NCP = CP \times (OS + SNS)/(OS + NS) = ((CP \times OS) + IC)/(OS + NS)$$

其中:NCP=投资人调整后的新价格

CP=原价格

OS=后续融资前目标公司的股份总数或注册资本总额

SNS=后续融资按照原价格进行的情况下应发行的股份数或注册资本额

NS=后续融资实际拟增加的股份数或注册资本额

IC=后续融资金额

加权平均条款有两种细分形式：广义加权平均和狭义加权平均，其区别在于对新一轮融资前公司的股份总数或注册资本总额的定义（即公式中OS的范围）。广义的情况下，OS将包含新一轮融资前所有已发行和将发行的股份（如期权、认股权、可转换证券）；狭义的情况下，OS的范围有所减少，最窄的情况下仅包含已发行的普通股。

相比而言，对于投资人而言，在狭义加权平均、广义加权平均和完全棘轮三种调整方式中，完全棘轮有利于狭义加权平均，狭义加权平均有利于广义加权平均。对于创始人而言，则正好相反。

（2）补偿方式。常见的补偿方式包括股权补偿和现金补偿两种，其中股权补偿方式为公司以实际零对价向投资人增发股权和创始人以实际零对价向投资人转让股权，现金补偿方式为创始人现金补偿和公司现金补偿。对于创始人而言，可以考虑在谈判中要求删除创始人的现金补偿义务。

假如，2021年1月，投资人A对公司投资2000万元认购20万元新增注册资本，每股价格为100元，增资后注册资本为120万元；2022年1月，公司拟贬值发行，投资人B对公司投资3000万元认购35万元新增注册资本，每股价格为85.7142元，增资后公司注册资本为155万元。

若按照完全棘轮方式进行补偿，则投资人A的每股认购价格调整为85.7142元。（i）若进行股权补偿，则公司需要增发新股或由创始人转让老股，使投资人A的每股认购价格降至85.7142元，则投资人A的注册资本=2000万元/85.7142元=23.33万元。公司需向投资人A增发3.33万元注册资本，或创始人需向投资人A转让3.33万元注册资本。（ii）若进行现金补偿，则公司或创始人需要向投资人A支付现金，使投资人A的每股认购价格降至85.7142元，则投资人A应获得的现金补偿金额=（100元-85.7142元）×20万元=285.716万元。

若按照加权平均方式进行补偿，则投资人A的每股认购价格=100元×（120万元+30万元）/（120万元+35万元）=96.7741元。（i）若进行股权补偿，则投资人A的注册资本=2000万元/96.7741元=20.67万元，则公司需向投资人A增发0.67万元注册资本，或创始人需向投资人A转让0.67

万元注册资本；（ii）若进行现金补偿，则公司或创始人需向投资人 A 支付现金，使投资人 A 的每股认购价格降至 96.7741 元，则投资人应获得的现金补偿金额 =（100 元-96.7741 元）×20 万元 = 64.518 万元。

从上面的计算可以很容易地看出，加权平均方式补偿比完全棘轮补偿对创始人更有利。

（3）例外情形。反摊薄权常见的例外情形包括员工激励计划、公开上市时发行新股、股东等比例未分配利润转增注册资本发行新股、资本公积转增股本发行新股等。条款举例如下："各方同意，本条所述的反稀释权不适用于：（i）依据股权奖励或激励计划新增的公司注册资本；（ii）其他投资人基于本合同反稀释权认购公司新股的；（iii）公司公开发行股票并上市时发行的新股；（iv）根据公司以合并、兼并、资产购买或其他重组的形式收购另一家公司或实体所发行的公司的新股；（v）改制、拆股、重新分类或其他类似事件发行的公司的新股；（vi）各股东等比例未分配利润转增注册资本、资本公积转增股本等情况下发行的公司的新股。"

（八）最惠国待遇（Most-Favored-Nation Treatment）

最惠国待遇是指对于享有该权利的投资人来说，如果在投资人投资之前或者投资之后的其他投资人享有超过该投资人所获得权利的，该投资人应当自动享有其他投资人所享有的权利。

最惠国待遇条款包括针对在先融资和后续融资的最惠国待遇。针对在先融资而言，为了防止前轮投资人和公司签署了抽屉协议、side letter 等，向投资人隐瞒了前轮投资人的优先权利，因此投资人要求享有不低于前轮投资人的优先权利；针对后续融资而言，因为公司和投资人都不清楚未来投资人会要求何种优先权利，于是投资人会要求自动享有后续融资中新投资人获得的新的权利。

常见条款示例如下："交割日后，若目标公司在未来融资（包括股权融资及债权融资）或既有的股东或融资中（包括但不限于前轮投资协议）存在比交易文件中赋予本轮投资方更加优惠的条款和条件（以下简称'更优惠条款'），则本轮投资方有权自动享受该等更优惠条款并将此种优惠应用于本协议项下的本轮融资。"

对于创始人而言，可以考虑争取要求删除针对后续融资的最惠国待遇，也可以考虑设置一些除外情形，例如，针对后续融资时的回购权回购顺位、优先清算权分配顺位除外，针对董事会一票否决权的除外，等等。

三、创始人限制条款

创始人限制条款主要适用于初创公司，常见于早期投资人的股东协议中。这是因为初创公司最重要的资源就是人，甚至是比资金更重要的要素。创始人对公司的投入时间、持续服务和贡献决定了初创公司能否存活和壮大。因此早期投资人会要求创始人的持股数量与其为公司服务的期限挂钩，同时限制创始人在公司合格上市前转让公司股权。创始人限制条款具体包括转股限制和股权兑现，部分股东协议中还会约定创始人的竞业禁止和全职投入义务。竞业禁止和全职投入较易理解，本书重点介绍转股限制和股权兑现条款。

(一)转股限制

转股限制条款，是指限制创始人在公司实现合格上市前进行股权转让的条款。在公司实现合格上市之前，若创始人可以自由转让股权，可能会利用高估值套现，造成创始人财富自由、投资人被深度套牢的局面，因此投资人通常会约定限制创始人转股的条款。

转股限制条款常见示例如下："在目标公司完成合格 IPO 之前，未经投资人事先书面同意，创始人不得直接或间接地以出售、出租、转让、赠与、托管、授予、许可、抵押、质押、留置、让与担保、委托经营和/或其他任何方式处置其持有的目标公司股权。"

但是转股限制并非绝对的限制，首先经投资人同意创始人可以股权转让。此外，创始人可以与投资人协商确定转股限制的例外情形。常见的例外情形包括为实施员工股权激励计划而进行的股权转让，为了维持家庭生活必要自由转让一定比例的股权。实践中可以自由转让股权的比例一般为5%～10%，或者更少。

(二)股权兑现

股权兑现条款，是指创始人持有的公司股权随着为公司持续服务的时间而逐步解锁，从而实现将创始人和公司绑定的目的。股权兑现条款常见于早期投资人的交易文件中，初创型企业的发展与创始人的努力息息相关，此时需要牢牢绑定创始人，股权兑现条款则是手段之一，避免创始人另起炉灶。

股权兑现条款常见示例如下："创始人所持限制性股权的兑现期为4年，自增资交割日起，每满1年可兑现限制性股权总额的1/4。创始人在以下情况出现时可加速兑现尚未兑现的限制性股权：(a)创始人与目标公司的雇佣/服务关系被目标公司无正当理由终止；(b)目标公司完成合格IPO；或(c)目标公司发生整体出售。如果创始人主动或目标公司以正当理由终止其雇佣关系或者服务关系，目标公司有权以名义价格回购或指定第三人收购创始人未解锁的股权。"

股权兑现条款的要素包括受限股权范围、解锁期限、加速解锁、未解锁股权的处理。

(1)受限股权范围。创始人直接持有的和间接持有的股权通常均为受限制股权，间接持有的股权包括创始人通过持股平台持有的股权。但创始人持有的股权分为按照1元每注册资本取得的公司股权和按照市场价格取得的公司股权，创始人可以考虑要求将按照市场价格取得的公司股权免受股权兑现条款的限制。

(2)解锁期限。创始人股权的解锁期限由创始人和投资人协商确认，市场惯例为3～5年，最常见的是4年。常见的解锁安排包括按年解锁、按月解锁、逐年递增解锁。按年解锁时，以4年为例，创始人每为公司工作满1年，则解锁1/4；按月解锁时，以4年为例，创始人每为公司工作满1个月，则解锁1/48；逐年递增解锁时，以4年为例，可以是第一年解锁

10%，第二年解锁 20%，第三年解锁 30%，第四年解锁 40%。

（3）加速解锁。当发生某些特定事件时，虽然创始人股权的解锁期限尚未届满，但可以被视为提前到期。由于设置股权兑现条款的逻辑在于公司需要创始人持续投入时间和精力以实现公司发展，但如果公司提前实现发展目标时，则创始人股权可以加速兑现，因此常见的加速解锁触发事件为公司实现合格上市和公司发生整体出售。

（4）未解锁股权的处理。创始人持有的股权在解锁期内解锁以创始人持续性地为公司提供服务为前提，若创始人主动或目标公司以正当理由终止雇佣关系或者服务关系，则创始人未解锁的股权则按照约定由公司或投资人指定的第三方回购，回购价格可以是市场公允价格或者创始人出资成本或者法律允许的最低价格。创始人已解锁的股权归属于创始人，但需就该部分股权签署表决权委托协议。

第三节　对赌机制

一、对赌协议的概述

对赌，又称估值调整机制（Valuation Adjustment Mechanism），它是指投融资双方在投资协议中约定的，以目标公司未来一段时间的财务业绩或经营状况为基准来评估，进而调整目标公司估值的一种机制。

《九民纪要》将"对赌"定义为，"投资方与融资方在达成股权性融资协议时，为解决交易双方对目标公司未来发展的不确定性、信息不对称以及代理成本而设计的包含了股权回购、金钱补偿等对未来目标公司的估值进行调整的协议"。

"估值调整协议"之所以又被称为"对赌"，其主要原因是目标公司估值的调整方式类似于一场赌博。在股权投融资实践中，投资人为了对冲目标公司未来发展不确定性带来的高风险，会与目标公司和其股东约定，如果公司在未来的一段时间内完成了双方约定的财务目标，或者达到了某些经营里程碑事件(例如,研发技术的突破、某项行政许可的获批、IPO 等),就说明双方之前在增资协议中对公司的估值是正常且合理的,双方没有必要对估值进行调整;反之,如果公司在规定的时间内没有完成财务目标,也没有达到经营里程碑事件,则说明投资人之前对公司的估值过高,投资人的投资没有得到相应的股权体现,此时,目标公司或目标公司的股东就应该通过现金补偿或股权转让等方式对投资人的投资金额或者股权比例来进行弥补或调整。

二、对赌的分类与触发条件

依据对赌主体的不同,对赌协议可以分为与公司对赌、与公司股东或实际控制人对赌、与公司和公司的股东共同对赌。

依据对赌内容的不同,对赌可以分为股权补偿性对赌、现金补偿性对赌和二者兼有的混合性对赌。

对赌的触发条件也可以概括性地分为两大类:财务指标和经营指标。财务指标一般体现为目标公司未来一定时期的营业收入、净利润、利润增长率等。经营性指标一般体现为某些经营里程碑事件,例如研发技术的突破、某项行政许可的获批、IPO 等。

值得注意的是,对赌的触发条件是对赌生效的导火线,考虑到其可能引发极其严重的法律后果(对融资方来说,可能意味着巨大的现金损失甚至是丧失公司的控制权)。因此,它一定要建立在双方的共识和理性分析的基础之上,而不能根据单方的意愿来自由确定。在实际的融资过程中,不能因谈判地位的悬殊而任由投资人单方来制定触发事件(一般投资人是不会更不敢将投资收益放在对赌上,他们更期望的是将来能够通过公司IPO 或者被并购而退出来获得投资收益);同时,对于触发事件成就与否也不能根据单方的审计或认定得出,需要经过第三方的鉴定或评估。

三、对赌协议的法律效力

《九民纪要》中"关于对赌协议的效力及履行"一章规定:"人民法院在

审理"对赌协议"纠纷案件时，不仅应当适用合同法的相关规定，还应当适用公司法的相关规定。既要坚持鼓励投资方对实体企业特别是科技创新企业投资原则，从而在一定程度上缓解企业融资难问题，又要贯彻资本维持原则和保护债权人合法权益原则，依法平衡投资方、公司债权人、公司之间的利益。"对于投资方与目标公司的股东或者实际控制人订立的"对赌协议"，如无其他无效事由，认定有效并支持实际履行，实践中并无争议。但投资方与目标公司订立的"对赌协议"是否有效以及能否实际履行，存在争议。对此，应当把握如下处理规则：

投资方与目标公司订立的"对赌协议"在不存在法定无效事由的情况下，目标公司仅以存在股权回购或者金钱补偿约定为由，主张"对赌协议"无效的，人民法院不予支持，但投资方主张实际履行的，人民法院应当审查是否符合公司法关于"股东不得抽逃出资"及股份回购的强制性规定，判决是否支持其诉讼请求。

投资方请求目标公司回购股权的，人民法院应当依据《公司法》第三十五条关于"股东不得抽逃出资"或者第一百四十二条关于股份回购的强制性规定进行审查。经审查，目标公司未完成减资程序的，人民法院应当驳回其诉讼请求。

投资方请求目标公司承担金钱补偿义务的，人民法院应当依据《公司法》第三十五条关于"股东不得抽逃出资"和第一百六十六条关于利润分配的强制性规定进行审查。经审查，目标公司没有利润或者虽有利润但不足以补偿投资方的，人民法院应当驳回或者部分支持其诉讼请求。今后目标公司有利润时，投资方还可以依据该事实另行提起诉讼。

《九民纪要》第十八条也规定，"债权人主张担保合同有效，应当提供证据证明其在订立合同时对股东（大）会决议进行了审查，决议的表决程序符合《公司法》第十六条的规定，即在排除被担保股东表决权的情况下，该项表决由出席会议的其他股东所持表决权的过半数通过，签字人员也符合公司章程的规定"。

我国《合同法》第五十二条规定："有下列情形之一的，合同无效：

(一)一方以欺诈、胁迫的手段订立合同，损害国家利益；(二)恶意串通，损害国家、集体或者第三人利益；(三)以合法形式掩盖非法目的；(四)损害社会公共利益；(五)违反法律、行政法规的强制性规定。"

关于对赌协议的争议主要集中在对赌协议的效力及对赌的履行问题上，总结现行有效的法律法规和现有的司法判例，根据《九民纪要》的精神，对此争议，归纳如下：

(一)关于对赌协议的效力。一般情况下，无论是跟公司对赌还是跟股东(或者实际控制人)对赌，不论是股权回购性对赌还是金钱补偿性对赌，只要不存在法定无效的事由，对赌协议都是有效的。

(二)关于对赌协议的履行。对赌协议的履行是一个非常复杂的问题：一是因其涉及公司法的效力强制性规定和股东自由意志的冲突处理；二是因为对赌协议的履行因对赌对象和履行方式的不同有很大的差别；三是因为现实中的对赌常牵涉及股东和公司的交叉担保；四是因为对赌的履行很多时候还取决于公司的决策与程序是否合乎法律和章程的规定(例如减资、利润分配等决议和程序)。正是因为以上种种原因，对赌的履行请求能否得到法院的支持变得非常多样，对此，我们抽丝剥茧，试图总结以下的规律，以供参考：

1. 与公司对赌，如果投资人要求进行股权回购，则法院应先审查回购行为是否满足"股东不得抽逃出资"的要求；如不存在抽逃出资的行为，则再审查公司是否已经进行了减资(根据《九民纪要》的精神，减资是前置程序)等法定程序；如果公司进行了符合法律和公司章程规定的减资程序，则对其要求公司回购股权的请求应予以支持。

2. 与公司对赌，如果投资人要求进行金钱补偿，则法院应审查(1)金钱补偿是否满足"股东不得抽逃出资"的要求，和(2)公司是否有利润、是否符合利润的提取规则。此时，如果公司有利润，则法院应对投资人要求公司进行金钱补偿的请求予以全部或部分支持。反之，则不予以支持。但是，允许投资人在公司有利润的时候再另行提起诉讼。究此条款背后的深层意义，我认为其反映了法院通过公司金钱补偿的责任形式支持了"投资人优先分红权"的内在逻辑(此金钱补偿可以视作为公司的分红,只不过是优先分给投资人),避免出现对赌与投资人优先分红权的适用矛盾。

3. 与公司对赌,股东承担连带担保责任。此种情况下,笔者认为该担保行为不违反法律的强制性规定,没有破坏公司的资本维持原则,也没有损害公司和公司债权人的利益,此担保行为是股东的真实意思表示,符合法律的规定,应有效。如果投资人要求进行股权回购的,则按照规则 1 进行审查,股东同时承担回购投资人股权的法律责任;如果是投资人要求进行金钱补偿,则按照规则 2 进行审查,股东同时承担金钱补偿的连带法律责任。

4. 与股东或实际控制人对赌。此种情形下,无论投资人要求进行股权回购还是要求金钱补偿,在程序层面,都没有什么障碍,只是履行效果可能远远无法让投资人满意,因为,一般情况下,当目标公司触发了对赌条款,股东和公司可能已经严重丧失了偿债能力。

5. 与股东或实际控制人对赌,公司进行担保。这个时候要探讨履行问题得首先看公司做出担保行为的效力。《公司法》第十六条规定,公司为公司股东或者实际控制人提供担保的,必须经股东会或者股东大会决议,前款规定的股东或者受前款规定的实际控制人支配的股东,不得参加前款规定事项的表决,该项表决由出席会议的其他股东所持表决权的过半数通过。《九民纪要》第十八条规定,"债权人主张担保合同有效,应当提供证据证明其在订立合同时对股东(大)会决议进行了审查,决议的表决程序符合《公司法》第 16 条的规定"。由此可见,在与股东对赌,公司提供担保责任的情况下,担保合同是否具有法律效力,债权人有前置的形式审查责任,只有在担保行为的做出是符合法律规定的前提下,公司才能承担担保责任,而一旦公司的担保行为有效,则又要落入规则 1 和规则 2 的审查之中。

为了直观地表述上述裁判规则,我们制作了表 5-2。

表 5-2

对 赌 方 式		合 同 效 力	能否支持履行	
			股权回购	金钱补偿
A 与公司对赌	股东不担保	有效(法定无效除外)	须先减资,实操难	有利润可支持,无利润,则驳回
	股东担保	有效(法定无效除外)	须先减资,实操难 支持股东连带	有利润可支持,支持股东连带
B 与股东或实际控制人对赌	公司不担保	有效(法定无效除外)	支持	支持
	公司担保	有效(法定无效除外)(担保须进行形式审查)	支持(如担保有效,公司连带,须先减资,实操难)	支持(如担保有效,公司连带,有利润可支持)

需要说明的是,本节讨论对赌的法律效力不包括仲裁机构的观点,仲裁机构对对赌的包容要远高于法院,根据部分已知的仲裁裁决结论,不论是与公司对赌还是与股东对赌,仲裁大多认可其效力,且支持公司作为义务履行人。

四、对赌条款的设计

通过上文的分析,我们可以得出,在"九民纪要"背景下,对于投资人而言,当下最佳的对赌方案设计应该是与目标公司的股东(或者实际控制人)对赌,并由目标公司对股东(或者实际控制人)的金钱补偿或股权回购的义务承担连带担保责任。但对于公司而言,最好是选择与公司对赌。当然,同时也别忘记了,在选择争议解决机构的时候最好选择包容度更高的仲裁机构。

第六章 股 权 激 励

☞ 导读

1. 股权激励的类型
2. 激励股权的授予、成熟、行权/解锁和退出
3. 股权激励和财务税务处理

第一节 非上市公司股权激励

好的股权激励计划能够吸引优秀人才，加速企业发展，吸引投资。本书在第二章第二节(公司控制权)中对股权激励略有提及，但仅讨论了进行股权激励的时间节点，从财务、税务以及融资便利角度论述了在引入投资前进行员工股权激励的好处，但股权激励的类型、激励对象的选取、激励股权的持股方式和来源、激励股权的授予和行权、受激励对象的退出等都是非上市公司股权激励需要关注的重点事项。本节将对上述问题进行具体阐述。

一、股权激励的类型

根据《财政部、国家税务总局关于完善股权激励和技术入股有关所得税政策的通知》(财税〔2016〕101 号，以下简称《101 号文》)第一条的相关规定，非上市公司股权激励计划一般可分为"限制性股票、股票期权、股

权奖励"三大类别。

股权奖励是指企业无偿授予相关员工一定份额股权,奖励形式较为直接简单。本节将重点讨论限制性股权和股票(权)期权。

限制性股权指受激励对象按照股权激励计划规定的条件,获得一定数量的公司股权,但激励对象只有在满足一定条件时,包括持续任职时间、业绩考核指标等,激励对象才可处置限制性股权。限制性股票在解除限售前不得转让,用于担保或偿还债务。

期权指公司授予受激励对象在未来一定期限内以预先确定的条件购买公司一定数量股权/股份的权利。激励对象获授的股票期权不得转让,用于担保或偿还债务(见表6-1)。

表6-1

主要区别事项	限制性股权	期　　权
权利性质	属于直接授予受激励对象的公司股权,受激励对象享有限制性股权对应的权利(包括分红权等)	仅授予受激励对象一项未来认购公司股权的权利,行权之前不享有股权对应的权利(包括分红权等)
对价支付时间	受激励对象获得限制性股权时需要支付对价	获得期权时无需支付对价,在期权行权时支付
行权条件	解锁条件:所有权自授予日起归属于受激励对象,解锁日从限制转为非限制	行权条件:所有权自解锁日起归属于受激励对象,受激励对象可以选择是否行权,通常设置一定的限售期
激励效果	受激励对象间接持有公司股权,对员工的激励效果更直接	受激励对象取得公司股权仍要受限于期权成熟后公司对员工的考核情况,存在不确定性,激励效果不如限制性股权

二、股权激励的对象

股权激励的对象原则上应当是长期任职的员工,例如公司高级管理人员、核心技术人员、核心业务人员等。如果创始人选取股权激励对象不合理，会影响激励效果，甚至可能会对融资上市产生实质性影响。创始人在进行股权激励时也要避免将全体员工纳入激励对象，一来激励效果差，员工感受不到股权激励的价值；二来公司创业早期员工流动性大，会增加股权管理成本，容易引发股权纠纷。

很多创始人希望将客户或供应商纳入股权激励对象，从而实现深度绑定的目的。从商业逻辑角度，这样可以使得公司获得合作上的优惠，但从公司未来融资上市的角度来说，客户或供应商持股将会导致公司关联交易的问题，客户或供应商无论是直接持股，还是通过持股平台间接持股，都作为"股东"成为公司关联方，而后公司与客户或供应商发生业务往来，则构成关联交易。关联交易问题是企业上市需要重点核查的问题，需要证明双方交易价格是否公允、是否存在利益输送等，公司需要花费时间和精力进行资料梳理和收集证明文件。如果客户或供应商确实享受了远低于市场价格的优惠价格，则可能构成利益输送，进而导致上市发生实质性障碍。由于投资人投资公司的目的是希望公司上市获得收益，因此投资人在尽职调查阶段也会同样关注公司关联交易的问题。

除了客户或供应商，也有的创始人希望将外部顾问作为受激励对象，外部顾问可能向公司提供市场、技术资源等。但在向外部顾问授予激励股权时需要重点核查外部顾问的身份，是否是可以在企业任职、领取报酬的对象。例如高校任职的党员领导干部、政府公务员不应当被纳入受激励对象。

此外，在对员工进行股权激励时，也要慎重考虑将存在风险的员工作为受激励对象，需要对员工进行全面核查，例如员工是否对外投资公司、兼职，是否面临大额诉讼风险，是否与此前工作单位或此前持股企业存在尚未解决的争议等。若员工存在对外投资、兼职的情况，向员工授予激励股权可能会导致同业竞争、关联交易的问题，需要进一步核查；若员工面临诉讼或争议，且未能妥善解决，未来需要执行员工财产的，可能会导致向员工授予的激励股权被强制执行，使激励股权处于不稳定的状态，进而导致对上市产生影响。

三、激励股权的持股方式

创始人通常会设立员工持股平台来进行员工股权激励。员工持股平台一般为有限合伙企业，创始人作为 GP，受激励对象作为 LP。所有激励股权的授予、行权、激励对象的退出等都在员工持股平台上进行。

设立员工持股平台有多方面好处：第一，决策高效、加强创始人控制权。如果受激励对象均是直接持股，而非在员工持股平台上持股，则公司召开股东会需要每个受激励对象签字，否则股东会决议效力可能存在瑕疵。若受激励对象与公司存在纠纷时，有可能不签字来阻碍股东会决议通过。通过员工持股平台持股，创始人作为 LP 签字即可，避免受激励员工干涉公司日常经营，能够保障创始人对公司的控制权。第二，避免股东人数较多。根据《公司法》的规定，有限责任公司股东不得超过 50 人。通过设立员工持股平台可以避免违反有限责任公司人数限制的要求。此外，《公司法》规定股份有限公司人数不得超过 200 人，未来公司面临上市时，股东人数需要穿透核查，确认是否超过 200 人，但员工持股平台只将它视为 1 名股东。因有限合伙企业合伙人人数最多为 50 人，当受激励对象超过 50 人时，则可以通过设立多个持股平台来解决。第三，便于管理。当需要新增受激励对象或受激励员工离职需要办理有限合伙企业退伙手续时，只需要在有限合伙企业层面办理工商变更登记即可，无需在公司层面办理，从而避免公司股东变更过于频繁，增加公司股权纠纷的可能性，这样有利于公司股权结构的稳定。

由于持股平台份额本身没有价值，通过持股平台持有的公司股权才有实际价值，因此通常受激励对象通过持股平台间接持有公司股权。授予价格或行权价格会涉及两个价格：一是激励对象在持股平台的认缴出资额；二是受激励对象持有的持股平台认缴出资额对应的公司注册资本额。因此，员工持股平台合伙份额设置为公司注册资本额乘以持股平台持有公司股权比例，则受激励对象在有限合伙企业的出资额正好等于其在公司注册资本的出资额，从而更方便管理。

激励股权的持股方式通常分为由创始股东代持和由受激励对象自身持有，两者各有优势，具体如表 6-2 所示：

表 6-2

持股方式	优 势	劣 势
由创始股东代持	1. 可以减少人员频繁变动的工商登记手续 2. 未来公司增资或股权转让时，降低管理层的操作成本 3. 激励对象之间股权激励数量的保密度较好 4. 一定程度上规避税收成本	1. 降低受激励对象直观激励感受 2. 在公司未来资本化时需要调整
受激励对象自身持有	1. 强化受激励对象直观的激励感受 2. 股改及资本运作之前无需进行变更	1. 未来增减股权激励对象需要全体激励对象签字 2. 人员变动需进行工商变更登记，且可能因受激励对象不予配合而影响退伙或其他变更手续 3. 激励对象之间股权激励数量非常透明 4. 税收成本无法规避

四、激励股权的来源

激励股权的来源分为创始人预留股权、原股东存量转让和增资扩股三种方式。

创始人预留股权是指公司成立初期，由创始人出让自己持有的部分股权，在激励股权成熟时发放给受激励对象，该部分股权通常由创始人直接持有或其成立的有限合伙企业持股平台间接持有。创始人向受激励对象转让股权，可以是无偿赠与，也可以按照优惠价格转让。

存量转让是指由股东向受激励对象提供激励股权来源，即通过股东向受激励对象转让持股平台财产份额的方式进行，可根据实际情况决定由大股东转让或由多个股东按比例转让。存量转让股权激励时效性高，但不排除股东可能要就股权转让缴纳所得税。在实践中，这种转让方式较为少见，因为员工股权激励通常发生在上升期企业中，这时大多数股东通常不希望将自己的股权出让。

增资扩股是指受激励对象或持股平台以向发行人增资的形式来实施股权激励。通过增资扩股方式发放激励股权的价格通常较低，远低于同时期融资估值或市场评估价格，以减少受激励对象的经济压力。但这种情况下可能会稀释原有股东的股权比例，公司股东数量越多时，通过增资方式进行股权激励的难度越大。

综上，笔者最推荐的方式是由创始人预留股权进行股权激励，这样股权激励效率最高，遇到的阻力小。

在进行股权激励时，受激励对象的购股资金来源主要包括自筹资金、工资或奖金扣除、公司借款等。在公司确定受激励对象后，受激励对象以自有资金购买相应的股权，或者从受激励对象的工资或者奖金中扣除作为购股资金，或者由公司或股东借款给受激励对象。支付方式可以选择一次性或分期支付，但最晚应于 IPO 申报前支付完成。但需注意的是，若公司有上市计划，或邻近上市，最好不要通过公司或股东借款的方式提供购股资金，以免遭到上市审核机构问询。因为《上市公司股权激励管理办法(2018 年修正)》第二十一条规定："激励对象参与股权激励计划的资金来源应当合法合规，不得违反法律、行政法规及中国证监会的相关规定。上市公司不得为激励对象依股权激励计划获取有关权益提供贷款以及其他任何形式的财务资助，包括为其贷款提供担保。"

五、激励股权的数量

一般公司进行股权激励会预留 10%～20% 的公司股权。根据行业不同，结合公司估值，并考虑后续稀释效果等各方面因素来确定激励股权池的大小。在实践操作中，高新科技行业在公司发展初期设立的激励股权池通常为15%~20%，传统行业通常为10%左右。激励股权占比过高会影响实际控制人对公司的控制力，也会影响公司后续对外股权融资的灵活性；激励股权占比过低会导致激励对象的激励感受不高，外部投资人认可度不高。

公司在预留股权激励时可以根据发展情况预留充分的激励股权池，以免后续增加激励股权池难以协调各股东的意见，并且在后期转让时产生额外的税务成本。在确定激励股权池时，公司应考虑未来高管引入的可能性。公司每引入一个高管都可能从激励股权池分出较多的股权，进而大幅缩小激励股权池。

六、激励股权的授予

在设立好激励股权池后，股权激励的阶段分为授予—成熟—行权/解锁—退出四个阶段。

受激励对象被授予激励股权时，需要满足一定的授予条件。授予条件一般可以包括：①入职公司满一定年限；②在考核中取得优良评价或达到一定业绩或其他指标；③不存在竞业情形（包括不在任何与公司存在业务竞争或潜在业务竞争关系的企业里持股、任职）；④未违反不招揽义务、不诋毁义务及保密义务等。具体的授予条件可根据公司具体要求制定。

如果公司采用期权的激励形式，则公司通过和受激励对象签订授予协议的方式，赋予受激励对象在将来行权条件成熟时，以授予协议约定的价格购买一定数量的公司激励股权的权利。与受激励对象签署授予协议即完成了授予，受激励对象获得了"期待未来购买公司激励股权"的权利。在授予受激励对象期权时，受激励对象无需支付对价，受激励对象也不会立刻在持股平台持股。

如果公司采用限制性股权的激励形式，则限制性股权从授予之日起，受激励对象即取得股权所有权，可以享受分红等股东权利，但不得转让。

受激励对象获得授予的限制性股权时，需要支付对价。

在确定激励股权的认购价格时，通常会参考如下标准：

（1）注册资本金。通常适用于初创公司，以有限责任公司注册资本金为参考依据，按照有限责任公司注册资本/注册资本的倍数予以确定，要求员工支付可行权期权对应的公司注册资本金，以保证激励其权池所对应的合伙份额得以实缴。

（2）公司净资产。通常适用于重资产公司，以公司净资产为依据，计算出公司每一注册资本所对应的公司净资产值，以该净资产值来确定行权价格。

（3）公司市场公允价值。通常适用于有外部融资的公司，以公司最近一轮融资时的价格为基础，结合受激励员工的承受能力和激励效果来确定行权价格。通常按照外部融资价格的一定折扣来确定行权价格。

就期权而言，认购价格在行权时支付，且仅支付行权部分的期权，对于未成熟或未行权的部分暂无需支付；就限制性股权而言，认购价格在授予时全部支付。

七、激励股权的成熟

当受激励对象被授予激励股权后，并不当然享有激励股权带来的收益，而需要满足行权条件（如采用期权形式）或解锁条件（如采用限制性股权形式）后方可行权（如采用期权形式）或解锁（如采用限制性股权形式）。

期权的成熟安排往往与受激励对象任职期限挂钩或与业绩挂钩，按照期权的成熟期限，一般会安排4~5年，每年根据情况授予20%~25%，具体每年的授予比例可根据受激励对象不同的诉求经协商后进行调整。通过对业绩要求的设置赋予实际控制人主观考核决定权，许多初创企业没有成熟的业绩考核指标，或需要根据公司每年业务实际情况进行调整，因此在股权激励计划设计中，通常不会直接规定业绩考核的具体内容，而是约定具体的考核事宜由创始人或公司另行颁布。

限制性股权的成熟与期权的成熟大致相同，往往与受激励对象任职期限挂钩或与业绩挂钩，此处不再赘述。

八、激励股权的行权/解锁

当受激励对象被授予激励股权后，受激励对象并不当然享有激励股权所带来的各项收益，而是需要在一定期间内满足行权条件（如采用期权）或解禁条件（如采用限制性股权）方可行权或解禁。

常见的行权/解锁条件包括：（i）受激励对象自《授予协议》签订之日起持续在公司全职工作，且除在公司的全职工作之外，没有参与任何其他经营性或非经营性事业或工作，无论是为自己还是为他人，也不论该等事业或工作是否与公司业务具有竞争性质；（ii）受激励对象承诺自激励股权起算日起，在公司继续任职期限不少于三年，且在公司上市或被并购前应继续任职；（iii）受激励对象按照与公司签署的劳动合同的约定为公司提供相应的服务，并且公司对受激励对象履行合同的情况表示满意；（iv）受激励对象未发生过错行为（如消极怠工，传播谣言，聚众闹事或者严重破坏工作秩序的；玩忽职守，营私舞弊，侵吞或者毁损公司财产的）；（v）公司在期权行权所对应的成熟期内每一年对受激励对象进行一次绩效考核，且受激励对象的考核结果符合要求（本条适用于期权的形式）；（vi）实际控制人根据公司具体情况设定的其他行权条件。

九、激励股权的退出

当发生受激励对象离职、死亡等非过错情形时，或受激励对象被开除等过错情形时，受激励对象需退出公司，需在股权激励计划中约定对其持有的激励股权进行处置的安排。当然，若受激励对象间接持有公司股权比例较低，根据上市要求签署了股权清晰无争议等确认函，且与公司关系良好的情形下，出现退出情形时，受激励对象不一定非要退出。

根据受激励对象是否存在过错，分为激励对象存在过错情形和激励对象不存在过错情形的退出安排。

若采用期权形式的，（i）当受激励对象出现相关过错行为（例如严重违反公司规章制度、故意或过失造成公司财产重大损失、被追究刑事责任或、受到严重行政处罚等），自该等过错行为发生之日，就尚未成熟的期权、已成熟未行权的期权，应自动终止，受激励对象就该部分期权不再享有任何权利；就已行权的期权，创始人有权以成本价格或成本加上一定利率计算的利息收购。(ii) 当受激励对象过错行为以外的其他原因导致公司与受激励对象终止劳动关系的（例如受激励对象主动离职、死亡、公司与受激励对象协商终止劳动关系或受激励对象因自身原因不能履行职务的），则自劳动关系终止之日起，就尚未成熟的期权、已成熟未行权的期权应自动终止，受激励对象就该部分期权不享有任何权利；就已行权期权，创始人有权以约定价格收购。该等约定价格可以按照成本加上利息或参考最近一次股权融资的价格以一定折扣确定(见表6-3)。

表6-3

特定情形	未行权期权	已行权期权
受激励对象存在过错	自动终止	成本价格收购
受激励对象不存在过错	自动终止	约定价格收购

若采用限制性股权形式的，(i) 当受激励对象出现相关过错行为，自该等过错行为发生之日，就尚未解锁的限制性股权，应停止解锁，创始人有权以成本价格或成本加上一定利率计算的利息收购；就已解锁的限制性股权，创始人有权以成本价格或成本加上一定利率计算的利息收购。(ii) 当受激励对象过错行为以外的其他原因导致公司与受激励对象终止劳动关系的，则自劳动关系终止之日起，就尚未解锁的限制性股权，应停止解锁，创始人有权以约定价格收购；就已解锁的限制性股权，创始人有权以约定价格收购。该等约定价格可以按照成本加上利息或参考最近一次股权融资的价格以一定折扣确定(见表6-4)。

表6-4

特定情形	未解锁股权	已解锁股权
受激励对象存在过错	停止解锁；成本价格收购	成本价格收购
受激励对象不存在过错	停止解锁；约定价格收购	约定价格收购

十、股权激励与财务税务处理

公司实施股权激励，将涉及股份支付以及个人所得税两个核心的财务税务问题。此外，实施股权激励计划的公司还需向主管税务机关履行报送义务。

（一）股份支付

《企业会计准则第11号——股份支付》（以下简称《准则11号》）第二条规定："股份支付，是指企业为获取职工和其他方提供服务而授予权益工具或者承担以权益工具为基础确定的负债的交易。股份支付分为以权益结算的股份支付和以现金结算的股份支付。其中，以权益结算的股份支付，是指企业为获取服务以股份或其他权益工具作为对价进行结算的交易。"

简单来说，公司实施股权激励时，受激励对象的认购价格往往低于股权公允价值，这部分差额即为公司的股份支付费用。公司设置股权激励时，若设置不当，可能会因股份支付费用影响公司当期利润，进而可能导致各种法律后果，例如触发业绩对赌条件、未满足上市板块对利润的要求进而触发上市对赌等。

限制性股权、期权作为不同性质的激励形式，对于公司当期的利润损益和财务影响也不同。根据《准则11号》第六条的规定，完成等待期内的服务或达到规定业绩条件才可行权的换取职工服务的以权益结算的股份支付，在等待期内的每个资产负债表日，应当以对可行权权益工具数量的最佳估计为基础，按照权益工具授予日的公允价值，将当期取得的服务计入相关成本或费用和资本公积。

就限制性股权而言，公司不在授予日确认当期损益，限售期（成熟期）的每个资产负债表日（每年的 12 月 31 日），公司应将授予日受激励对象的认购价格和股权公允价格的差额成本以最佳估计为基础分摊到各期成本或费用科目，以合理反映当期股权激励成本。对于期权来说，与限制性股权类似，公司不在授予日确认当期损益，但应确定授予日"期权权益工具"的公允价格，并以最佳估计为基础，分摊到各期成本或费用科目。因此股份支付费用与授予日、行权/解锁期限等密切相关，公司实施股权激励时需要合理考虑授予日期和行权/解锁期限，争取在与投资人进行业绩对赌时，将因股权激励产生股份支付的非经常性损益从业绩和利润考核目标中剔除，以减少股权激励造成的影响，并合理分摊股份支付费用，避免导致影响上市板块要求的利润目标。

(二) 个人所得税

对于被授予激励股权的受激励对象而言，个人所得税是另一个问题，公司需对员工因股权激励产生的个人所得税承担代扣代缴义务。根据《101号文》第四条的规定，个人从任职受雇企业以低于公平市场价格取得股票（权）的，凡不符合递延纳税条件，应在获得股票（权）时，对实际出资额低于公平市场价格的差额，按照"工资、薪金所得"项目，参照《财政部国家税务总局关于个人股票期权所得征收个人所得税问题的通知》（财税〔2005〕35号）有关规定计算缴纳个人所得税。因此，员工在获得股权时即产生纳税义务，具体到不同的股权激励形式时，期权在授予时不产生纳税义务，在行权时产生纳税义务；而限制性股权，根据 2016 年 9 月 22 日财政部税政司国家税务总局所得税司有关负责人就完善股权激励和技术入股税收政策答记者问中，被确定应在解禁后产生纳税义务。同时，受激励对象对外转让股权时，将产生"财产转让所得"项目纳税义务。

同时，《101号文》第一条还规定了递延纳税的优惠政策。《101号文》第一条规定，非上市公司授予本公司员工的股票期权、股权期权、限制性股票和股权奖励，符合规定条件的，经向主管税务机关备案，可实行递延纳税政策，即员工在取得股权激励时可暂不纳税，递延至转让该股权时纳税；股权转让时，按照股权转让收入减除股权取得成本以及合理税费后的差额，适用"财产转让所得"项目，按照 20% 的税率计算缴纳个人所得税。根据该条规定，经向主管税务机关备案，员工在获得股权时暂不产生纳税义务，在转让股权时才产生纳税义务。但前提条件是公司应在规定期限内向主管税务机关办理备案，未办理备案的则无法享受递延纳税优惠政策。

而根据《101 号文》的规定，能够享受递延纳税政策的公司应满足如下七个条件：(a)境内主体：享受税收优惠政策的应是境内居民企业实施的股权激励计划。其中，包括外商独资、合资和合作企业。(b)股权激励计划审核批准要求：股权激励计划必须经公司董事会、股东(大)会审议通过，未设立股东(大)会的国有单位，须经上级主管部门审核批准。股权激励计划应列明激励目的、对象、标的、有效期、各类价格的确定方法、激励对象获取权益的条件、程序等。(c)股权来源：激励标的股票(权)包括通过增发、大股东直接让渡以及法律法规允许的其他合理方式授予激励对象的股票(权)。(d)激励对象：激励对象应为公司董事会或股东(大)会决定的技术骨干和高级管理人员，激励对象人数累计不得超过本公司最近 6 个月在职职工平均人数的 30%。(e)持有时间：期权自授予日起应持有满 3 年，且自行权日起持有满 1 年；限制性股票自授予日起应持有满 3 年，且自限售条件解除之日起持有满 1 年；股权奖励自获得奖励之日起应持有满 3 年。(f)行权时间：股票(权)期权自授予日至行权日的时间不得超过 10 年。(g)行业限制：实施股权奖励的公司及其奖励股权标的公司所属行业均不属于《股权奖励税收优惠政策限制性行业目录》范围。公司所属行业按公司上一纳税年度主营业务收入占比最高的行业确定。

值得注意的是，公司设立有限合伙持股平台实施股权激励能否适用递延纳税优惠政策，目前尚无定论，需待法律法规进一步明确。

(三)报送义务

2021 年 10 月 12 日，国家税务总局发布《国家税务总局关于进一步深化税务领域"放管服"改革 培育和激发市场主体活力若干措施的通知》(税总征科发〔2021〕69 号,以下简称《69 号文》)。通知决定推出 15 条新举措,进一步深化税务领域"放管服"改革,助力打造市场化法治化国际化营商环境,其中包括加强股权激励个人所得税管理。

根据 69 号文要求,实施股权(股票,下同)激励的企业应当在决定实施股权激励的次月 15 日内,向主管税务机关报送《股权激励情况报告表》。《股权激励情况报告表》具体如图 6-1 所示。

附件1

股权激励情况报告表

备案编号(主管税务机关填写):　　　　　　　　　　　　　　　　　　金额单位:人民币元(列至角分)

股权激励计划实施企业基本情况						
实施企业名称				纳税人识别号(统一社会信用代码)		□□□□□□□□□□□□□□□□□□
所在国家/地区		地址		联系人		电话

股权激励计划标的企业基本情况						
企业名称				纳税人识别号(统一社会信用代码)		□□□□□□□□□□□□□□□□□□
所在国家/地区		地址		联系人		电话
股权激励计划实施企业是标的企业的		□直接或间接控股公司　□直接或间接被控股公司　□直接或间接协议控制公司　□直接或间接被协议控制公司　□其他_____				

股权激励形式						
股权激励形式(单选)	□股票(权)期权　□限制性股票　□股票增值权　□股权奖励　□其他形式_____				决定实施股权激励计划日期	

被激励对象基本情况							
序号	姓名	身份证件类型	身份证件号码	职务	授予股数	授予(行权)价格	授予日	可行权日

谨声明:本表是根据国家税收法律法规及相关规定填报的,是真实的、可靠的、完整的。

填报单位(签章):　　　年　月　日

| 经办人签字:
经办人身份证件类型:
经办人身份证件号码:
代理机构签章:
代理机构统一社会信用代码: | 受理人:
受理税务机关(章):
受理日期:　　　年　月　日 |
|---|---|

国家税务总局监制

图 6-1　股权激励情况报告表

对于未履行报告义务的法律后果,《69 号文》未进行明确规定。但根据《税收征收管理法》第六十二条的规定,如果实施股权(股票)激励的企业未履行报送义务的,可能面临被税务机关责令限期改正,以及处以最高 1 万元罚款的风险。

第二节　上市公司股权激励

与非上市公司不同，境内上市公司股权激励制度有较为完善的法律法规制度，境内上市公司进行股权激励应根据法律法规的要求进行。

一、法律监管框架

境内上市公司股权激励的法律监管制度可分为三个层级。第一个层级是《公司法》《证券法》等框架性法律；第二个层级是证监会和国资委、财政部出台对一般上市和国企央企上市股权激励的规范性文件；第三个层级是涉及股权激励在交易所的实操执行、财务处理、股权激励计税、外汇申报登记等的具体部分环节的约定或指引。

针对境内上市公司股权激励和员工持股计划，中国证监会分别出台了《上市公司股权激励管理办法》和《关于上市公司实施员工持股计划试点的指导意见》，与其他相关机构之后发布了若干的补充管理说明。这是境内上市公司最重要的监管文件，规定了股权激励的关键要素和环节，例如股票来源、激励对象、行权价/授予价的限制等。

而国企央企作为上市公司中的特殊类型，还需另行遵守国资委的相关规则。国资委颁布了《国有控股上市公司（境内）实施股权激励试行办法》（国资发分配[2006]175号）、《国有控股上市公司（境外）实施股权激励试行办法》（国资发分配[2006]8号）、《关于规范国有控股上市公司实施股权激励制度有关问题的通知》（国资发分配[2008]171号）、《关于国有控股混合所有制企业开展员工持股试点的意见》（国资发改革[2016]133号）、《中央企业控股上市公司实施股权激励工作指引》（国资考分[2020]178号）。

交易所关于股权激励和员工持股计划的规定包括《上海证券交易所股票上市规则（2023年2月修订）》（上证发[2023]28号）、《深圳证券交易所股票上市规则（2023年修订）》（深证上[2023]92号）、《上海证券交易所科创板上市公司自律监管指引第1号——规范运作》（上证发[2022]14号）、

《深圳证券交易所上市公司自律监管指引第 1 号——主板上市公司规范运作》(深证上〔2022〕13 号)、《深圳证券交易所上市公司自律监管指引第 2 号——创业板上市公司规范运作》(深证上〔2022〕14 号)、《上海证券交易所上市公司自律监管指引第 1 号——规范运作》(上证发〔2022〕2 号)、《北京证券交易所上市公司持续监管指引第 3 号——股权激励和员工持股计划》(北证公告〔2021〕36 号)、《北京证券交易所上市公司持续监管办法(试行)》(证监会令第 189 号)、《北京证券交易所股票上市规则(试行)》(北证公告〔2021〕13 号)、《上海证券交易所科创板股票上市规则(2020 年 12 月修订)》(上证发〔2020〕101 号)、《深圳证券交易所创业板股票上市规则(2023 年修订)》(深证上〔2023〕93 号)、《创业板上市公司持续监管办法(试行)》(证监会令第 169 号)、《科创板上市公司持续监管办法(试行)》(证监会令第 154 号)、《上市公司员工持股计划试点登记结算业务指引》。

二、股权激励的类型

根据《上市公司股权激励管理办法》(以下称《管理办法》)以及上市公司实践,上市公司股权激励的常见类型主要包括股票期权和限制性股票。

股票期权则是上市公司授予激励对象在未来一定期限内以预先确定的条件购买本公司一定数量股份的权利。激励对象获授的股票期权不得转让、用于担保或偿还债务;限制性股票是指激励对象按照股权激励计划规定的条件,获得的部分权利受到限制的本公司股票。限制性股票在解除限售前不得转让、用于担保或偿还债务。限制性股票侧重于先授予,可以有现实可得的权益,但受到锁定期及业绩考核的限制;股票期权则更注重公司未来的发展前景,赋予激励对象按照预定条件在将来购买本公司股票的权利。

股票期权和限制性股票的激励对象用来购买股票的资金是自有或者自筹资金;但上市公司不得为激励对象依股权激励计划获取有关权益提供贷款以及其他任何形式的财务资助,包括为其贷款提供担保。

上市公司股权激励还包括员工持股计划、股票增值权和虚拟股权等类型。

根据《关于上市公司实施员工持股计划试点的指导意见》的规定，员工持股计划是指上市公司根据员工意愿，通过合法方式使员工获得本公司股票并长期持有，股份权益按约定分配给员工的制度安排。员工持股计划的参加对象为公司员工，包括管理层人员。因此，员工持股计划无需类似于工龄、岗位、贡献度等限制条件。与严格意义上的股权激励不同，员工持股计划暂不征收个人所得税，也不存在公司层面的财务成本。

股票增值权，是指上市公司授予激励对象在一定的时期和条件下，获得规定数量的股票价格上升所带来的收益的权利。股票增值权主要适用于发行境外上市外资股的公司。股权激励对象不拥有这些股票的所有权，也不拥有股东表决权、配股权。股票增值权不能转让和用于担保、偿还债务等。

虚拟股票，是指公司授予激励对象一种"虚拟"的股票，激励对象可以据此享受一定数量的分红权和股价升值收益，但没有所有权，没有表决权，不能转让和出售，在离开企业时自动失效。

三、股权激励的对象

上市公司股权激励的对象一般为公司的董事、高级管理人员、核心技术和核心业务人员。根据《管理办法》的规定，激励对象可以包括上市公司的董事、高级管理人员、核心技术人员或者核心业务人员，以及公司认为应当激励对公司经营业绩和未来发展有直接影响的其他员工，但不应当包括独立董事和监事。在境内工作的外籍员工任职上市公司董事、高级管理人员、核心技术人员或者核心业务人员的，可以成为激励对象。

根据《管理办法》的规定，以下人员不得成为股权激励的对象：（1）最近 12 个月内被证券交易所认定为不适当人选；（2）最近 12 个月内被中国证监会及其派出机构认定为不适当人选；（3）最近 12 个月内因重大违法违规行为被中国证监会及其派出机构行政处罚或者采取市场禁入措施；（4）具有《公司法》规定的不得担任公司董事、高级管理人员情形的；

(5)法律法规规定不得参与上市公司股权激励的；(6)中国证监会认定的其他情形。

此外，单独或合计持有上市公司 5%以上股份的股东或实际控制人及其配偶、父母、子女，不得成为激励对象。

四、股权激励的股份来源

根据《管理办法》的规定，拟实行股权激励的上市公司，可以下列方式作为标的股票来源：(1)向激励对象发行股份；(2)回购本公司股份；(3)法律、行政法规允许的其他方式。

要特别注意的是，上市公司全部在有效期内的股权激励计划所涉及的标的股票总数累计不得超过公司股本总额的 10%。非经股东大会特别决议批准，任何一名激励对象通过全部在有效期内的股权激励计划获授的本公司股票，累计不得超过公司股本总额的 1%。而且，股权激励计划的有效期从首次授予权益日起不得超过 10 年。实践操作中一般选择 3~5 年的区间比较多。

五、股权激励的资金来源

根据《管理办法》的规定，激励对象参与股权激励计划的资金来源应当合法合规，不得违反法律、行政法规及中国证监会的相关规定。上市公司不得为激励对象依股权激励计划获取有关权益提供贷款以及其他任何形式的财务资助，包括为其贷款提供担保。

六、股权激励的绩效考核

股权激励应当设立激励对象获授权益、行使权益的条件。拟分次授出权益的，应当就每次激励对象获授权益分别设立条件；分期行权的，应当就每次激励对象行使权益分别设立条件。这其中业绩设置与考核比较关键，设置过低则比较容易达到，对于公司发展的积极作用较小；设置过高则会适得其反，挫伤主人翁的积极性与能动性。尤其是激励对象为董事、高级管理人员的，上市公司应当设立绩效考核指标作为激励对象行使权益的条件。

　　根据《管理办法》的规定，绩效考核指标应当包括公司业绩指标和激励对象个人绩效指标。上市公司可以公司历史业绩或同行业可比公司相关指标作为公司业绩指标对照依据，公司选取的业绩指标可以包括净资产收益率、每股收益、每股分红等能够反映股东回报和公司价值创造的综合性指标，以及净利润增长率、主营业务收入增长率等能够反映公司盈利能力和市场价值的成长性指标。以同行业可比公司相关指标作为对照依据的，选取的对照公司不少于 3 家。激励对象个人绩效指标由上市公司自行确定。

第七章　上　　市

　　上市，也就是 IPO(Initial Public Offerings，首次公开募股)，是指公司通过证券交易所首次公开向投资者增发股票，以期募集用于公司发展的资金。

　　公司在上市前通过一级市场的融资是不公开的融资，公司私下与特定的投资人商谈，融资的价格、条件等都是保密的，这属于私募股权融资；而上市后通过二级市场的融资则属于公开募集，股民或机构按股票价格买入。私募股权融资和上市后公开募股的相同点在于都是为了募集资金；不同点在于，无论是初创企业还是成熟期企业，都可以通过私募股权融资的方式进行融资，但只有满足一定上市条件和财务指标的企业才能上市。

　　公司上市利弊共存，好处在于能够提升公司的知名度和透明度，增加公司的融资能力，而弊端在于公司信息披露导致披露程序繁琐和成本增加，公权力和社会公众会对上市公司进行深度监督。一些家族公司为了保持股权结构的封闭性、公司财务信息的私密性选择不公开发行上市，而更多的有实力的公司则选择了公开上市，以获得更方便的融资渠道。

　　若公司能满足上市条件，绝大部分公司基本上会选择上市。从公司的角度来说，股票发行后，公司估值会迅速呈倍数提升，有利于公司扩大生产规模，提高市场竞争力。公司能够获得持续融资的能力，在企业资金短缺时可以通过股票增发的方式获得资金，缓解资金短缺困境。同时，上市公司经受公众监督，受科学化管理，能够提高知名度，获得消费者的信任。

　　从创始人和投资人的角度来说，上市后公司估值上升，创始人和投资人凭借手中的股份可以实现资产迅速增值，创始人可以实现个人财富的巨大增长。投资人可以通过股票套现，实现投资回报。

上市分为境内上市和境外上市。我国目前有上海证券交易所、深圳证券交易所和北京证券交易所三家证券交易所，其中上海证券交易所设置了主板市场和科创板市场，深圳证券交易所设置了主板市场和创业板市场，北京证券交易所则服务在全国股转系统连续挂牌满12个月的创新层挂牌公司。境外上市中香港、纽约、纳斯达克、美洲、新加坡、伦敦、法兰克福、东京、悉尼、韩国等全球各大证券交易所都是中国企业开展境外上市的活跃交易市场。但是企业在选择上市地时，不应当是选择证券交易所，而是应当综合考虑上市地点的投资者和市场，判断上市地区投资者对自身企业的认可程度，公司能否符合相关的上市标准和信息披露要求，上市地的融资能力以及上市成本，等等。对于境内大多数企业而言，首选在境内上市，但是如果企业主要产品和市场在境外，或者企业的国际化程度高，能够得到境外投资者的认可，或者企业规模很大，需要多地上市以解决融资问题，可以选择在合适的境外市场上市。相比而言，境外上市法律监管环境与境外上市存在较大差异，上市准备周期也存在显著差异，上市不能的风险差异巨大，境外上市程序也较为复杂，需要聘请的中介机构较多，上市成本较高。就以笔者曾经历的港股上市案例为例，境内公司在香港上市需要分别聘请一家境外保荐人/承销商、一家境内保荐人/承销商，一家发行人境内法律顾问、一家发行人境外法律顾问、一家保荐人境内法律顾问、一家保荐人境外法律顾问、一家审计机构、一家内控顾问、一家行业顾问、一家印刷商。境外上市的主要优势体现在上市门槛低，对于企业盈利没有境内要求高，审批简便，同时境外上市在提升公司国际化形象和全世界关注度上有一定好处。以往境内上市手续繁杂，上市周期长，但境内上市费用较低，企业熟悉境内法律环境机制，在沟通和理解上较为适应。在境内施行全面注册制后，可以预见的是境内上市手续将进一步简化，为企业上市融资提供更便捷的通道。

本章仅讨论中国境内上市。

第一节 上市板块及行业要求

中国已初步建立起多层次资本市场体系，包括沪深主板、科创板、创业板和北交所以及区域性股权市场。撰写本章时正值中国证券监督管理委员会发布全面实行股票发行注册制相关规则制度，证券交易所、全国股权公司、中国结算、中证金融、证券业协会配套规则同步发布实施，自此中国各板块全面施行注册制。在全面注册制下，各板块的定位也愈发清晰。沪深主板、科创板、创业板和北交所形成了优势互补、错位发展的格局，处于不同发展阶段的拟上市企业也有了更多的选择，有利于中小企业拥抱资本市场。

一、沪深主板

沪深主板是 A 股最早设立的板块，也是发展最为成熟的板块。

沪深主板市场定位于为大盘蓝筹类企业服务，重点支持业务模式成熟、经营业绩稳定、规模较大、具有行业代表性的优质企业。"蓝筹"一词源于西方赌场，在西方赌场中，有蓝色、红色和白色三种颜色的筹码，其中蓝色筹码最为值钱，红色筹码次之，白色筹码最差。证券市场上将那些经营业绩较大，具有稳定且较高的现金股利支付能力的公司股票称为"蓝筹股"。在 2023 年 2 月 17 日公布施行的《首次公开发行股票注册管理办法》中提出了"大盘蓝筹"的主板定位。

沪深主板对发行人的行业包容度较高，未对主板 IPO 的行业属性和相关指标有明确要求，但不排除未来会出台更为明确的行业要求和量化指标。根据全面注册制发行前夕流传的证监会主板审核受理材料的指引文件①，主板对 IPO 行业属性设置黄红灯，"红灯行业"包括食品、餐饮连

---

① 引自《传内地主板上市审核设置行业"红黄灯"，业内称新增部分限制》，瑞恩资本 RyanbenCapital，2023 年 1 月 6 日，https：//mp. weixin. qq. com/s/0LBcKA8xu5mvWBTCPj8-UA.

锁、白酒、防疫、学科培训、殡葬、宗教事务等 IPO 将不能申报，"黄灯行业"则涉及服装、家具、家装、大众电器等，只有行业头部企业才可以申报，并且限制烧钱扩张的激进型企业。虽然上述指引的真实性尚有待考核，但从实践情况来看，主板 IPO 确实对于部分行业有限制，例如白酒行业 2019 年起最近三年都未有新的企业上市，产能过剩行业或《产业结构调整指导目录》中规定的限制类、淘汰类、房地产开发行业的企业原则上也不能在 A 股申报上市。

二、科创板

科创板定位则突出"硬科技"特色，主要服务属于战略新兴行业的"硬科技"企业。科创板市场重点支持面向世界科技前沿、面向经济主战场、面向国家重大需求，优先支持符合国家战略，拥有关键核心技术，科技创新能力突出，主要依靠核心技术开展生产经营，具有稳定的商业模式，市场认可度高，社会形象良好，具有较强成长性的企业。

科创板重点支持下列行业的高新技术产业和战略性新兴产业：（1）新一代信息技术领域；（2）高端装备领域；（3）新材料领域；（4）新能源领域；（5）节能环保领域；（6）生物医药领域；（7）符合科创板定位的其他领域。科创板限制金融科技、模式创新企业发行上市，并禁止房地产和主要从事金融、投资类业务的企业在科创板发行上市。

科创板鼓励支持类、限制类和禁止类的行业具体如表 7-1 所示。

表 7-1

产　业	行业领域	具体行业
高新技术产业和战略新兴产业	新一代信息技术领域	主要包括半导体和集成电路、电子信息、下一代信息网络、人工智能、大数据、云计算、软件、互联网、物联网和智能硬件等
	高端装备领域	主要包括智能制造、航空航天、先进轨道交通、海洋工程装备及相关服务等

续表

产　业	行业领域	具　体　行　业
高新技术产业和战略新兴产业	新材料领域	主要包括先进钢铁材料、先进有色金属材料、先进石化化工新材料、先进无机非金属材料、高性能复合材料、前沿新材料及相关服务等
	新能源领域	主要包括先进核电、大型风电、高效光电光热、高效储能及相关服务等
	节能环保领域	主要包括高效节能产品及设备、先进环保技术装备、先进环保产品、资源循环利用、新能源汽车整车、新能源汽车关键零部件、动力电池及相关服务等
	生物医药领域	主要包括生物制品、高端化学药、高端医疗设备与器械及相关服务等

限制金融科技、模式创新企业在科创板发行上市。禁止房地产和主要从事金融、投资等业务的企业在科创板发行上市。

除了应符合行业定位外，科创板上市企业还需符合具体的科创属性标准，具体如表 7-2 所示。

表 7-2

标　准	具　体　规　定
同时符合 4 项指标的企业申报科创板发行上市	(一)最近三年研发投入占营业收入比例5%以上，或者最近三年研发投入金额累计在 6000 万元以上
	(二)研发人员占当年员工总数的比例不低于10%
	(三)应用于公司主营业务的发明专利5项以上
	(四)最近三年营业收入复合增长率达到20%，或者最近一年营业收入金额达到 3 亿元

标 准	具 体 规 定
采用《科创板上市规则》第 2.1.2 条第一款第(五)项规定的上市标准申报科创板的企业,或按照《关于开展创新企业境内发行股票或存托凭证试点的若干意见》等相关规则申报科创板的已境外上市红筹企业,可不适用前款第(四)项指标的规定;软件行业不适用前款第(三)项指标的要求,研发投入占比应在 10%以上	
未能同时符合上述 4 项指标,但符合下列情形之一的企业可以申报科创板发行上市	(一)拥有的核心技术经国家主管部门认定具有国际领先、引领作用或者对于国家战略具有重大意义
	(二)作为主要参与单位或者核心技术人员作为主要参与人员,获得国家自然科学奖、国家科技进步奖、国家技术发明奖,并将相关技术运用于主营业务
	(三)独立或者牵头承担与主营业务和核心技术相关的国家重大科技专项项目
	(四)依靠核心技术形成的主要产品(服务),属于国家鼓励、支持和推动的关键设备、关键产品、关键零部件、关键材料等,并实现了进口替代
	(五)形成核心技术和应用于主营业务的发明专利(含国防专利)合计50 项以上

科创板通过对行业导向要求和多层次的指标要求,将科创板上市企业限定在高新技术产业和战略性新兴产业,公司可以针对上述要求和指标,自我评估核查是否符合科创板上市的行业要求。

三、创业板

创业板则定位于"三创四新",创业板深入贯彻创新驱动发展战略,适应发展更多依靠创新、创造、创意的大趋势,主要服务成长型创新创业企业,支持传统产业与新技术、新产业、新业态、新模式深度融合。

不同于科创板,创业板对于行业导向要求采用了"负面清单"的形式,具体如表 7-3 所示。

表 7-3

类　别	具 体 行 业
原则上不支持其在创业板发行上市的行业	农林牧渔业，采矿业，酒、饮料和精制茶制造业，纺织业、黑色金属冶炼和压延加工业，电力、热力、燃气及水生产和供应业，建筑业、交通运输、仓储和邮政业，住宿和餐饮业，金融业，房地产业居民服务、修理和其他服务业等十二大行业
"负面清单"除外情形	属于上述十二大行业且能与互联网、大数据、云计算、自动化、人工智能、新能源等新技术、新产业、新业态、新模式深度融合的创新创业企业
完全禁止类行业	禁止产能过剩行业、《产业结构调整指导目录》中的淘汰类行业，以及从事学前教育、学科类培训、类金融行业的企业在创业板发行上市

　　除了对行业导向要求作了规定，创业板也对创业板上市企业作了具体的指标要求，具体如表 7-4 所示。

表 7-4

标　准	具 体 规 定
支持和鼓励符合下列标准之一的成长型创新创业企业申报在创业板发行上市	(一)最近三年研发投入复合增长率不低于 15%，最近一年研发投入金额不低于 1000 万元，且最近三年营业收入复合增长率不低于 20%
	(二)最近三年累计研发投入金额不低于 5000 万元，且最近三年营业收入复合增长率不低于 20%
	(三)属于制造业优化升级、现代服务业或者数字经济等现代产业体系领域，且最近三年营业收入复合增长率不低于 30%

最近一年营业收入金额达到 3 亿元的企业，或者按照《关于开展创新企业境内发行股票或存托凭证试点的若干意见》等相关规则申报创业板的已境外上市红筹企业，不适用上述规定的营业收入复合增长率要求

四、北交所

北交所主要服务创新型中小企业,推动传统产业转型升级、培育经济发展新动能。

相比于主板、科创板与创业板,北交所对行业要求没有太过细致的要求,重点支持先进制造业和现代服务业等领域,不支持金融业、房地产业企业申报上市,且不得属于产能过剩行业(产能过剩行业的认定以国务院主管部门的规定为准)、《产业结构调整指导目录》中规定的淘汰类行业,以及从事学前教育、学科类培训等业务的企业。

第二节 上市条件

公司根据自身所处行业情况,选择上市板块后,还需要核查自己是否符合相应板块的上市条件,上市条件主要包括市值、财务指标和发行条件。

一、市值和财务指标

主板、科创板、创业板和北交所在其股票上市规则中以市值为中心,结合利润、营业收入、经营活动产生的现金流量等财务指标,设置了多套财务上市标准。

(一)不存在表决权差异安排境内企业的市值和财务标准

针对不存在表决权差异安排的境内企业,主板、科创板、创业板和北交所设置了不同的市值和财务标准。不同于科创板、创业板和北交所,主板未设置非盈利标准,主板上市企业必须已实现盈利。

主板上市企业需满足的市值和财务标准,如表7-5所示。

表 7-5

上市指标	预计市值	净 利 润	经营活动现金流	营业收入
标准一	—	1. 3 年连续净利润为正； 2. 3 年累计不低于 1.5 亿元； 3. 最近一年不低于 6000 万元	3 年不低于 1 亿元(2 选 1)	3 年不低于 10 亿元(2 选 1)
标准二	不低于 50 亿元	1 年净利润为正	3 年不低于 1.5 亿元	1 年不低于 6 亿元
标准三	不低于 80 亿元	1 年净利润为正	—	1 年不低于 8 亿元

　　主板上市企业满足表 7-5 中三个市值和财务标准其中之一即可。可以看出，标准一是为大蓝筹企业准备的，净利润要求 3 年 1.5 亿元人民币；标准二是为盈利能力差的蓝筹企业准备的，仅要求 1 年盈利；标准三是为盈利能力差和现金流差的蓝筹企业准备的，仅要求 1 年盈利，且不要求现金流。

　　科创板、创业板和北交所均设置了盈利标准和非盈利标准，这意味着未实现盈利的企业也可以谋求在科创板、创业板或北交所上市。科创板、创业板和北交所上市企业需满足的市值和财务标准，如表 7-6 所示。

表 7-6

类别	科 创 板	创 业 板	北 交 所
盈利标准	上市标准一：预计市值不低于 10 亿元，最近两年净利润均为正且累计净利润不低于 5000 万元，或者预计市值不低于 10 亿元，最近一年净利润为正且营业收入不低于 1 亿元	上市标准一：最近两年净利润均为正，且累计净利润不低于 5000 万元； 上市标准二：预计市值不低于 10 亿元，最近一年净利润为正且营业收入不低于 1 亿元	上市标准一：预计市值不低于 2 亿元，最近两年净利润均不低于 1500 万元且加权平均净资产收益率平均不低于 8%，或者最近一年净利润不低于 2500 万元且加权平均净资产收益率不低于 8%

类别	科 创 板	创 业 板	北 交 所
非盈利标准	上市标准二：预计市值不低于15亿元，最近一年营业收入不低于2亿元，且最近三年累计研发投入占最近三年累计营业收入的比例不低于15%； 上市标准三：预计市值不低于20亿元，最近一年营业收入不低于3亿元，且最近三年经营活动产生的现金流量净额累计不低于1亿元； 上市标准四：预计市值不低于30亿元，且最近一年营业收入不低于3亿元； 上市标准五：预计市值不低于40亿元，主要业务或产品需经国家有关部门批准，市场空间大，目前已取得阶段性成果。医药行业企业需至少有一项核心产品获准开展二期临床实验，其他符合科创板定位的企业需具备明显的技术优势并满足相应条件	上市标准三：预计市值不低于50亿元，且最近一年营业收入不低于3亿元	上市标准二：预计市值不低于4亿元，最近两年营业收入平均不低于1亿元，且最近一年营业收入增长率不低于30%，最近一年经营活动产生的现金流量净额为正； 上市标准三：预计市值不低于8亿元，最近一年营业收入不低于2亿元，最近两年研发收入合计占最近两年营业收入合计比例不低于8%； 上市标准四：预计市值不低于15亿元，最近两年研发投入合计不低于5000万元

可以看出，科创板通过"市值""营业收入""现金流""净利润""研发投入"等财务指标进行组合，设置了5套差异化的上市标准，可以满足财务表现不一的各类科创企业的上市需求。创业板通过设置"市值""净利润""营业收入"的财务指标，结合创业板特点的属性进行优化，侧重于企业的创新性和成长性。北交所则以"市值"为中心，结合"净利润""净资产收益率""营业收入及增长率""研发投入"和"现金流"等财务指标，为中小企业设置了4套上市标准。

比较发现，在市值和财务指标上，主板要求总体高于科创板和创业板，科创板、创业板要求总体高于北交所。

(二)存在表决权差异安排境内企业的市值和财务标准

在全面注册制下，主板、科创板和创业板均允许有表决权差异安排的企业上市。针对存在表决权差异安排的企业，主板、科创板和创业板结合"市值""营业收入"或"净利润"方面均设置了2套上市标准，而北交所虽然允许上市前设置表决权差异安排的公司上市，但未单独设立存在表决权差异安排企业的上市标准。

主板、科创板和创业板关于表决权差异安排的企业的市值和财务指标如表7-7所示。

表 7-7

类别	主　板	科　创　板	创　业　板
上市标准	上市标准一：预计市值不低于 200 亿元，最近一年净利润为正	上市标准一：预计市值不低于 100 亿元	上市标准一：预计市值不低于 100 亿元
	上市标准二：预计市值不低于 100 亿元，最近一年净利润为正，最近一年营业收入不低于 10 亿元	上市标准二：预计市值不低于 50 亿元，且最近一年营业收入不低于 5 亿元	上市标准二：预计市值不低于 50 亿元，且最近一年营业收入不低于 5 亿元

(三)红筹企业的市值和财务标准

红筹企业是指在境外注册，但是主要经营活动在中国境内的企业。在全面注册制下，主板、科创板和创业板均允许红筹企业上市，而北交所尚未允许红筹企业上市。

红筹企业在主板、科创板和创业板的市值和财务标准如表7-8所示。

表 7-8

类 别	主 板	科 创 板	创 业 板
尚未在境外上市	上市标准一：预计市值不低于 100 亿元，营业收入快速增长，拥有自主研发、国际领先技术，同行业竞争处相对优势； 上市标准二：预计市值不低于 50 亿元，营业收入快速增长，且最近一年营业收入不低于 5 亿元，拥有自主研发、国际领先技术，同行业竞争处相对优势		
	上市标准三：预计市值不低于 200 亿元，且最近一年营业收入不低于 30 亿元	—	—
已在境外上市	上市标准一：预计市值不低于 2000 亿元； 上市标准二：预计市值不低于 200 亿元，拥有自主研发、国际领先技术，科创能力较强，同行业竞争处相对优势		

二、发行条件

除满足前文所述的市值和财务指标外，拟上市企业还需满足一定的发行条件。在企业上市辅导阶段，中介机构便会介入审查拟上市企业是否满足相应的发行条件，若能及时完成整改的，便需要尽快整改，但即使在报告期内完成了整改，拟上市企业仍可能被交易所进行问询，调查历史情况。

在全面注册制下，拟上市公司在主板、科创板和创业板上市需满足的发行条件基本一致，在主营业务、董事高管及实控人稳定性方面则略有不同。主板、科创板和创业板上市的发行条件如表 7-9 所示。

表 7-9

发行条件	主　板	科　创　板	创　业　板
股本要求	发行后的股本总额不低于5000万元； 公开发行的股份达到公司股份总数的25%以上；公司股本总额超过人民币4亿元的，公开发行股份的比例为10%以上	发行后的股本总额不低于3000万元；公开发行的股份达到公司股份总数的25%以上；公司股本总额超过人民币4亿元的，公开发行股份的比例为10%以上	
主体资格	发行人是依法设立并持续经营三年以上的股份有限公司，具备健全且运行良好的组织机构，相关机构和人员能够依法履行职责 有限责任公司按原账面净资产值折股整体变更为股份有限公司的，持续经营时间可以从有限责任公司成立之日起计算		
财务会计	发行人会计基础工作规范，财务报表的编制和披露符合企业会计准则和相关信息披露规则的规定，在所有重大方面公允地反映了发行人的财务状况、经营成果和现金流量，最近三年财务会计报告由注册会计师出具无保留意见的审计报告		
内部控制	发行人的内部控制制度健全且被有效执行，能够合理保证公司运行效率、合法合规和财务报告的可靠性，并由注册会计师出具无保留结论的内部控制鉴证报告		
独立性	资产完整、业务及人员、财务、机构独立，与控股股东、实际控制人及其控制的其他企业间不存在对发行人构成重大不利影响的同业竞争，不存在严重影响独立性或者显失公平的关联交易		
财务指标	见第七章第二节第一小节（市值和财务指标）		
主营业务、董事高管及实控人稳定性	最近三年内主营业务和董事、高级管理人员没有发生重大不利变化； 最近三年实际控制人没有发生变更	最近二年内主营业务和董事、高级管理人员没有发生重大不利变化； 最近二年实际控制人没有发生变更； 核心技术人员应当稳定且最近二年内没有发生重大不利变化	最近二年内主营业务和董事、高级管理人员没有发生重大不利变化； 最近二年实际控制人没有发生变更

续表

发行条件	主　板	科创板	创业板
股份权属清晰	发行人的股权清晰，不存在导致控制权可能变更的重大权属纠纷		
重大或有或不利影响事项	不存在涉及主要资产、核心技术、商标等的重大权属纠纷，重大偿债风险，重大担保、诉讼、仲裁等或有事项，经营环境已经或者将要发生重大变化等对持续经营有重大不利影响的事项		
生产经营合规性	发行人生产经营符合法律、行政法规的规定，符合国家产业政策		
重大违法行为	最近三年内，发行人及其控股股东、实际控制人不存在贪污、贿赂、侵占财产、挪用财产或者破坏社会主义市场经济秩序的刑事犯罪，不存在欺诈发行、重大信息披露违法或者其他涉及国家安全、公关安全、生态安全、生产安全、公众健康安全等领域的重大违法行为		
组织机构及董监高	董事、监事和高级管理人员不存在三年内受到中国证监会行政处罚，或者因涉嫌犯罪正在被司法机关立案侦查或者涉嫌违法违规正在被中国证监会立案调查且尚未有明确结论意见等情形		

在北交所上市企业的发行条件与主板、科创板和创业板不同，具体如表 7-10 所示。

表 7-10

发行条件	北　交　所
股本要求	公开发行后，公司股本总额不少于 3000 万元，公司股东人数不少于 200 人，公众股东持股比例不低于公司股本总额的 25%；公司股本总额超过 4 亿元的，公众股东持股比例不低于公司股本总额的 10%
主体资格	在全国股转系统连续挂牌满 12 个月的创新层挂牌公司（持续经营不少于两个完整的会计年度才能在股转系统挂牌，符合条件的特定行业企业持续经营时间不少于一个完整的会计年度）
财务会计	最近三年财务会计报告无虚假记载，被出具无保留意见审计报告
内部控制	具备健全且运行良好的组织架构；依法规范经营；具有持续经营能力

续表

发行条件	北　交　所
财务指标	见第七章第二节第一小节(市值和财务指标)
重大违法行为	发行人申请公开发行并上市,不得存在下列情形:(一)最近36个月内,发行人及其控股股东、实际控制人,存在贪污、贿赂、侵占财产、挪用财产或者破坏社会主义市场经济秩序的刑事犯罪,存在欺诈发行、重大信息披露违法或者其他涉及国家安全、公共安全、生态安全、生产安全、公众健康安全等领域的重大违法行为;(二)最近12个月内,发行人及其控股股东、实际控制人、董事、监事、高级管理人员受到中国证监会及其派出机构行政处罚,或因证券市场违法违规行为受到全国中小企业股份转让系统有限责任公司、证券交易所等自律监管机构公开谴责;(三)发行人及其控股股东、实际控制人、董事、监事、高级管理人员因涉嫌犯罪正被司法机关立案侦查或涉嫌违法违规正被中国证监会及其派出机构立案调查,尚未有明确结论意见;(四)发行人及其控股股东、实际控制人被列入失信被执行人名单且情形尚未消除;(五)最近36个月内,未按照《证券法》和中国证监会的相关规定在每个会计年度结束之日起4个月内编制并披露年度报告,或者未在每个会计年度的上半年结束之日起2个月内编制并披露中期报告;(六)中国证监会和本所规定的,对发行人经营稳定性、直接面向市场独立持续经营的能力具有重大不利影响,或者存在发行人利益受到损害等其他情形

第三节　上市审核程序

全面注册制下,主板、科创板、创业板和北交所的上市审核注册程序基本一致,包括交易所审核和证监会注册两个环节。

在审核环节,由交易所负责全面审核,判断企业是否符合发行条件、上市条件和信息披露要求的责任,并形成审核意见;同时证监会在审核环节会对重大问题把关，交易所在审项目涉及重大敏感事项、重大无先例情况、重大舆情、重大违法线索的，应及时向证监会请示报告，证监会还要对发行人是否符合国家产业政策和板块定位把关。

在注册环节，由证监会基于交易所审核意见依法履行注册程序，对发行人的注册申请作出是否同意注册的决定。

根据证监会发布的《首次公开发行股票注册管理办法》和《监管规则适用指引——发行类第 8 号：股票发行上市注册工作规程》的规定，主板、科创板和创业板 IPO 审核注册程序具体如表 7-11 所示。

表 7-11

监管主体	阶段	流　程	监　督　机　制
交易所	受理	5 个工作日内作出是否受理决定；不符合要求的在 30 个工作日内完成补正	交易所"四重大"事项报告机制：交易所审核过程中，发现重大敏感事项、重大无先例情况、重大舆情、重大违法线索的，应及时向中国证监会请示报告，发行监管部原则上应当在收到交易所请示后 5 个工作日之内召开注册准备会研究明确意见
	问询	首轮问询：受理之日起 20 个工作日内	
		再次问询：收到问询回复后 10 个工作日内	
	上市委审议	形成发行人是否符合发行条件、信息披露要求的审核意见，符合的报送证监会，不符合的作出终止发行上市审核决定（6 个月后可以再次提交申请）	中国证监会同步监督机制：对重点项目和随机抽取项目，经办人员全程跟进相关项目的交易所审核进程，关注：(1) 交易所审核内容有无重大遗漏，审核程序是否符合规定；(2) 发行人在发行上市条件、信息披露要求的重大方面是否符合相关规定；(3) 是否符合"两符合""四重大"问题

续表

监管主体	阶段	流　　程	监　督　机　制
中国证监会	注册	收到注册申请后20个工作日内作出予以注册或不予注册的决定。注册决定有效期自作出之日1年内有效	中国证监会关注"两符合"事项：是否符合国家产业政策和板块定位； 新增影响发行相关事项问询及报告：中国证监会基于交易所审核意见依法履行注册程序，如认为存在需要进一步说明或者落实发现存在影响发行条件的新增事项的，可以要求交易所进一步问询。申请项目提交注册后，交易所应当持续关注是否存在发生影响发行上市的新增事项。如有，应及时向发行监管部报告
交易所	发行上市	发行人在注册决定有效期自主选择发行时点	发行人股票上市交易前应当持续符合发行条件，发现可能影响本次发行的重大事项的，中国证监会可以要求发行人暂缓发行、上市，重大事项导致发行人不符合发行条件的，撤销注册

与主板、科创板及创业板相比，北交所股票发行上市审核时限相对较短，中国证监会受理申请文件后，将在15个工作日作出同意注册或不予注册的决定，而非20个工作日。

第四节　上市板块的选择

在全面注册制下，企业上市流程简化，越来越多的企业可以谋求上市。主板、科创板、创业板和北交所设置了不同的上市要求和较为明确的指标，企业可以根据自身情况选择最合适的上市板块，主要是从各板块定位以及各板块的发行条件来看，判断自身是否符合相应的上市条件。

　　主板对企业财务指标的要求显著高于其他板块，若公司属于模式成熟、盈利能力强，但科技创新属性较弱的企业，更适合选择主板上市。

　　对于科技创新属性较强的公司，可以考虑选择科创板或创业板作为上市板块。总体来说，科创板倾向于硬科技类企业，对技术和研发能力要求更高；而创业板则更倾向于创意创新和模式，对科技含量要求相对较低，更适合软科技类企业。若企业同时满足科创板和创业板的上市条件时，企业可以考虑自身所属行业与板块定位的契合程度。

　　对于收入较少、尚未盈利的企业而言，主板和创业板均非最佳选择，因为主板和创业板的上市标准均对收入或净利润有较高要求。若该类科技型企业研发投入较高，符合相应的"市值+研发投入+（收入）"指标的，可以根据自身情况考虑在科创板或北交所上市。

　　而对于无法满足主板、科创板和创业板上市门槛的企业来说，北交所对企业的市值、净利润、收入等设置了较低的门槛，该类企业可以考虑在北交所上市。